Die Rolle der Banken im Finanzsystem

Eine komparative Analyse der Bankensysteme in Deutschland und den USA

von

Svetlozar R. Nikolov

Tectum Verlag

Marburg 2000

Die Deutsche Bibliothek - CIP-Einheitsaufnahme

Nikolov, Svetlozar R.:
Die Rolle der Banken im Finanzsystem.
Eine komparative Analyse der Bankensysteme
in Deutschland und den USA.
/ von Svetlozar R. Nikolov
- Marburg : Tectum Verlag, 2000
ISBN 3-8288-8112-2

Tectum Verlag
Marburg 2000

Für meine Eltern

Inhaltsübersicht

Inhaltsverzeichnis

ABKÜRZUNGSVERZEICHNIS

Abs.	Absatz
AG	Aktiengesellschaft
Aufl.	Auflage
Bd.	Band
BIS	Bank for International Settlements
bzgl.	bezüglich
bzw.	beziehungsweise
ca.	circa
c.p.	ceteris paribus
d.h.	das heißt
Diss.	Dissertation
ed(s).	editor(s)
edn.	edition
EG	Europäische Gemeinschaft
ESOP(s)	Employee Stock Ownership Plan(s)
et al.	et alias
etc.	et cetera
Fed	Federal Reserve System
ff.	und fortfolgende (Seiten)
FN	Fußnote
H.	Heft
Hrsg.	Herausgeber
i.a.	im allgemeinen
i.d.R.	in der Regel
i.e.	im einzelnen
i.e.S.	im engeren Sinne
insbes.	insbesondere
Iss.	issue
i.w.S.	im weiteren Sinne
Jg.	Jahrgang
KWG	Kreditwesengesetz (Gesetz über das Kreditwesen)
lfd.	laufend
M&A	Mergers and Acquisitions
Mrd.	Milliarde(n)
N.J.	New Jersey

No.	number
Nr.	Nummer
NYSE	New York Stock Exchange
OECD	Organisation for Economic Co-Operation and Development
o.V.	ohne Verfasserangabe
p(p).	page(s)
resp.	respektive
S.	Seite(n)
sog.	sogenannt
u.a.	unter anderem; und andere
U.S.	United States
USA	United States of America
US-$	amerikanische Dollar
u.U.	unter Umständen
vgl.	vergleiche
Vol.	volume
WiSt	Wirtschaftswissenschaftliches Studium
z.B.	zum Beispiel

ABBILDUNGSVERZEICHNIS

TABELLENVERZEICHNIS

I. EINLEITUNG

1. Problemstellung

Die nationalen Finanzmärkte integrieren sich weltweit zunehmend in eine internationale Finanzwelt, die selbst einem ständigen Wandel unterworfen ist. Auf nationalem Niveau wird man mit Problemen im Finanzbereich konfrontiert, die sich in ähnlicher Weise stellen, jedoch in unterschiedlicher Weise gelöst werden. Die Globalisierung im Bereich des Finanzwesens läßt eine Beschäftigung mit dem Vergleich zwischen den Finanzmodellen verschiedener Volkswirtschaften für Wirtschaftstheoretiker und –forscher immer lohnender erscheinen.

Die Diskussion in wissenschaftlichen Kreisen wird zum einen durch die Entwicklung neuer Finanzinstrumente und neuer Märkte angeregt. Zum anderen stellt sich immer häufiger die kontroverse Frage nach dem Vorrang bereits existierender Finanzmodelle hinsichtlich ihrer Bedeutung für die Finanzierung und Kontrolle von Unternehmen.[1] In den großen Industrieländern bestehen deutliche Unterschiede in den Beteiligungsstrukturen, der Organisation, den Finanzierungsmustern und den Kontrollmechanismen des Unternehmenssektors. Die Unterschiede sind am markantesten zwischen den angelsächsischen Ländern einerseits und den kontinental-europäischen Ländern und Japan andererseits.

In Deutschland werden neben Eigenkapitalgebern auch Gläubiger, Arbeitnehmer, Lieferanten und Kunden in die institutionellen und verhaltensorientierten Beziehungen mit den Unternehmen einbezogen. Man spricht demnach von einem beziehungs- oder bankenorientierten Finanzsystem. In den USA hingegen steht das unpersönliche, marktbezogene Verhältnis zwischen Kapitalgebern und Unternehmen im Vordergrund. Daher wird das US-amerikanische Finanzsystem als kapitalmarktorientiert bezeichnet.

Besonderheiten der Finanzsysteme hinsichtlich der Unternehmensfinanzierung und –kontrolle sind nicht nur mit unterschiedlichen Eigentums- und Finanzierungsstrukturen verbunden, sondern auch mit unterschiedlichen Rechts- und Regulierungssystemen. „Unterschiede in den Finanzierungskulturen beruhen auf

---

[1] Vgl. HELLWIG, M. (1997), S. 211.

Unterschieden in der Kapitalmarktverfassung und nicht zuletzt auch auf Unterschieden der tradierten Erfahrungen und Verhaltensweisen. Das deutsche
Rechtssystem legt bei den Unternehmen sehr viel mehr Gewicht auf den Gläu-
bigerschutz als das amerikanische. Das amerikanische Rechtssystem gibt dem-
gegenüber mehr Raum für eine effektive Vertretung der Interessen außenstehen-
der Anteilsinhaber."[2]

Vor diesem Hintergrund gewinnt auch die Frage nach der Rolle der Banken bei
der Lösung von Finanzierungs- und Kontrollproblemen im Unternehmenssektor
immer stärker an Gewicht. Zum einem wird immer wieder die entscheidenden
Bedeutung des deutschen Universalbankensystems für die Prosperität der deutschen Wirtschaft betont. Zum anderen wird auch die Auffassung vertreten, daß
Banken vor dem Hintergrund wirksamer Takeover-Mechanismen und eines
Trennbankensystems, wie des US-amerikanischen, eher ineffizient und rück-
ständig sind.[3]

Die vorliegende Arbeit versucht den Vergleich zwischen alternativen Finanzmodellen am Beispiel des deutschen und des US-amerikanischen Banken- und
Finanzsystems zu konkretisieren. Der Akzent der Analyse wird dabei auf die
Rolle der Banken im Bereich der Unternehmensfinanzierung und Corporate Governance gesetzt. Aspekte der geldpolitischen und der haushaltsbezogenen Relevanz des Bankensektors werden fast vollständig ausgeklammert. Die Untersuchung regulativer und tradierter Merkmale der beiden Banken- und Finanzsysteme kann brauchbare Erkenntnisse für ordnungspolitische Entscheidungen und
theoretische Analysen liefern; daher wird sie in die vorliegende Analyse einbezogen.

Es sei die Behauptung aufgestellt, daß trotz fundamentaler regulativer und tradierter Unterschiede zwischen dem deutschen und dem amerikanischen Finanzmodell die Rolle der Banken in den beiden Finanzsystemen nicht so stark diffe-
riert, wie vermutet werden könnte. Ferner gilt es zu zeigen, wie sich bestehende
Unterschiede im Zeitverlauf verhalten und ob Konvergenztendenzen in dieser
Hinsicht zu beobachten bzw. zu erwarten sind.

---

[2] Bundesministerium für Wirtschaft (1997), S. 3.
[3] Vgl. HELLWIG, M. (1997), S. 212 und die dort zitierten Quellennachweise.

2. Gang der Untersuchung

Das nachfolgende, dritte Kapitel von Teil I der Arbeit beschäftigt sich einführend mit der Bestimmung der wichtigsten Begriffe, die im Rahmen der vorliegenden Arbeit eine Schlüsselposition einnehmen. Neben den Hauptbegriffen des Finanzsystems, der Corporate Governance und der Bank, werden auch die wichtigsten Elemente im institutionellen Umfeld des Finanzsystems sowie dessen Funktionen definiert und abgegrenzt.

In Teil II der Arbeit wird der theoretische Hintergrund zur Beurteilung der Rolle der Banken vorgestellt. Das erste Kapitel schildert die kennzeichnenden Merkmale des bankenorientierten und des kapitalmarktorientierten Modells des Finanzsystems. Die Darstellung soll Aufschluß über die allgemeine Zuordnung der Banken im jeweiligen Finanzmodell geben.

Im zweiten Kapitel werden die Grundlagen der Intermediationstheorie erläutert. Zunächst werden die Entstehungsgründe und Primärfunktionen von Finanzintermediären vorgestellt. Anschließend werden einige theoretische Modelle zur Erklärung der Finanzintermediation präsentiert, die die geschilderten Funktionen von Finanzintermediären zum Zentralproblem ihrer Analysen machen.

Im restlichen Verlauf von Teil II der Arbeit werden die theoretischen Stützpunkte für die Analyse in Teil III festgelegt. Dabei wird im dritten Kapitel die allgemeine Typologie von Banken und Bankensystemen vorgestellt. Nachfolgend wird auf Vor- und Nachteile des Universal- und des Trennbankensystems hinsichtlich ihrer Funktionsfähigkeit und Effizienz hingewiesen. Die Überlegungen sollen Aufschluß über die wesentlichen Gründe geben, die in der Realität zur Wahl eines der beiden Modelle des Bankensystems führen.

Anschließend spricht das vierte Kapitel die Regulierungsaspekte der Bankentätigkeit an. Erörtert werden der Regulierungsbedarf des Bankensektors und die i.d.R. vom Staat ergriffenen Maßnahmen zur Deckung dieses Bedarfes.

Im fünften Kapitel werden dann die Relevanzaspekte des Bankensektors für die Finanzierung und Kontrolle von Unternehmen im Detail behandelt. Die Überlegungen sollen Klarheit über die aus der Finanzierungsfunktion der Banken resultierenden Einflußpotentiale und über zusätzliche Möglichkeiten zur Einwirkung auf die Corporate Governance-Strukturen nichtfinanzieller Unternehmen schaffen.

Teil III der vorliegenden Arbeit präsentiert Evidenz aus Deutschland und den USA zu dem in Teil II erlangten theoretischen Verständnis der diskutierten Problematik. Im ersten Kapitel werden einführend noch einmal die Schwerpunkte der Analyse resümiert.

Das zweite Kapitel schildert die Strukturen der beiden Finanzsysteme hinsichtlich Organisation und Regulierung der Bankensektoren und Entwicklungsstand der nationalen Finanzmärkte.

Es schließt sich dann im dritten Kapitel die Untersuchung der Frage an, welchen Beitrag Banken resp. Finanzmärkte zur Unternehmensfinanzierung in den beiden Volkswirtschaften leisten.

Das vierte Kapitel liefert Evidenz über die Engagements der Banken im Bereich der Corporate Governance. Die Analyse konzentriert sich hauptsächlich auf Anteilsbesitz, Vollmachtsstimmrechte und Präsenz in den Kontrollgremien nichtfinanzieller Unternehmen.

Abschließend spricht das fünfte Kapitel die Frage nach der möglichen zukünftigen Entwicklung der beiden Banken- und Finanzsysteme an. Betont werden vor allem mögliche Auswirkungen der strukturellen Veränderungen der letzten Jahre.

Die Arbeit schließt mit einer kritischen Zusammenfassung der erlangten Erkenntnisse.

3. Begriffsbestimmung

3.1. Begriff und Funktionen des Finanzsystems

3.1.1. Begriff des Finanzsystems

Wenn im folgenden von *Finanzsystem* gesprochen wird, wird darunter die Gesamtheit von *Märkten, Intermediären, Dienstleistungsunternehmen* und *sonstigen Finanzinstitutionen* verstanden, deren Zweck grundsätzlich in der Umleitung von Ersparnissen in Investitionsvorhaben und der Allokation der mobilisierten Mittel in alternative Verwendungszwecke besteht.[4] Primäraufgabe aller Finanzinstitutionen ist in diesem Kontext die Umsetzung und Koordination der *finanziellen* Entscheidungen *nichtfinanzieller* Wirtschaftseinheiten: Unternehmen, private und öffentliche Haushalte.[5]

Finanzmärkte, Finanzintermediäre und *nichtfinanzielle Unternehmen* werden als am Funktionsmechanismus des Finanzsystems teilhabende Elemente in den Mittelpunkt der Betrachtung gestellt. Im folgenden sollen diese Begriffe abgegrenzt werden.

3.1.1.1. Finanzmärkte

Als *Finanzmärkte, Finanzierungsmittelmärkte* oder *Kapitalmärkte*[6] werden im folgenden geordnete Märkte bezeichnet, auf denen Finanzierungsmittel in Form von Eigen- und Fremdkapitaltiteln angeboten und nachgefragt werden.[7][8] Außer durch die Art der gehandelten Produkte unterscheiden sich Finanzmärkte von Märkten, auf denen physische Güter und nichtfinanzielle Dienstleistungen getauscht werden, auch durch das zeitliche Auseinanderfallen von Leistung und Gegenleistung.[9] Dieser Aspekt besitzt grundlegende Bedeutung für die in dieser Arbeit diskutierten Problematik.

3.1.1.2. Finanzintermediäre

Unter *Finanzintermediären* werden i.a. finanzielle Unternehmungen verstanden, deren Hauptfunktion darin besteht, einen mittelbaren qualitativen Ausgleich zwischen Anbietern (Überschußeinheiten) und Nachfragern (Defiziteinheiten) nach finanziellen Mitteln an den Finanzmärkten zustande zu bringen, indem sie „die unterschiedlichen Faktoreigentümer auf vertraglichem Wege zu einer Ein-

---

[4] Vgl. BERGLÖF, E. (1990), S. 243 sowie RYBCZYNSKI, T.M. (1984), S. 276.

[5] Vgl. auch BODIE, Z./ MERTON, R.C. (1998), S. 22.

[6] Im Rahmen dieser Arbeit wird von den Geldmärkten als Teil der Finanzmärkte abgesehen.

[7] Dazu werden in der Literatur noch die derivativen Finanzinstrumente (Derivate) gerechnet (vgl. z.B. BODIE, Z./ MERTON, R.C. (1998), S. 35). Diese sollen jedoch in der vorliegenden Arbeit nicht diskutiert werden.

[8] Vgl. BÜSCHGEN, H.E. (1998b), S. 342.

[9] Vgl. GISCHER, H. (1999), S. 667.

heit verbinden"[10]. Als Finanzintermediäre werden im folgenden vor allem Banken, Kapitalanlagegesellschaften und Versicherungen bezeichnet.[11]

3.1.1.3. Nichtfinanzielle Unternehmen

Unter den Begriff der *nichtfinanziellen Unternehmen* werden im folgenden alle Wirtschaftseinheiten subsumiert, deren Hauptzweck darin liegt, Waren und Dienstleistungen nichtfinanzieller Art herzustellen und diese gegen finanzielle Gegenleistung (Entgelt) an (nichtfinanziellen) Märkten anzubieten.[12] Im Rahmen der vorliegenden Arbeit werden sie auch als Nichtbank-Unternehmen bezeichnet.

3.1.2. Funktionen des Finanzsystems

Wenn im Rahmen dieser Arbeit von Funktionsfähigkeit des Finanzsystems bzw. der Finanzinstitutionen gesprochen wird, wird damit das Maß ihrer Eignung gemeint, Funktionen auszuführen, die ihnen zufallen.

Die Funktionen des Finanzsystems unterliegen im Zeitverlauf geringeren Veränderungen als die Finanzinstitutionen, die das Funktionieren des Finanzsystems gewährleisten.[13] Somit lassen sich vor dem Hintergrund einer *zentralen Funktion des intertemporalen und interpersonellen Ressourcentransfers*[14] weiterhin vier Kernfunktionen abgrenzen:[15]

(1) *Finanzierungsfunktion*: Das Finanzsystem soll das Zustandekommen von Finanztransaktionen erleichtern und dadurch die zur Finanzierung von Unternehmensinvestitionen erforderlichen finanziellen Mittel bereitstellen, die ansonsten nicht verfügbar sind;

---

[10] GESSWEIN, J.P. (1986), S. 235.

[11] Vgl. auch BODIE, Z./ MERTON, R.C. (1998), S. 22.

[12] Vgl. Deutsche Bundesbank (1997d), S. 9.

[13] Vgl. BODIE, Z./ MERTON, R.C. (1998), S. 24 sowie CANALS, J. (1997), S. 27-28. Zur Thematik des institutionellen Wandels vgl. auch NORTH, D.C. (1990).

[14] Vgl. BODIE, Z./ MERTON, R.C. (1998), S. 24.

[15] Zu der folgenden Darstellung vgl. HELLWIG, M. (1997), S. 213. Andere Autoren klassifizieren verschiedene Anzahl von Funktionen (bzw. Aufgaben) des Finanzsystems, auf die die hier dargestellten aufbauen bzw. in denen sie implizit enthalten sind. Dazu siehe z.B. BODIE, Z./

(2) *Risikoallokationsfunktion*: Das Finanzsystem hat des weiteren die Aufgabe, die Aufteilung der aus den unsicheren Unternehmensinvestitionen resultierenden Risiken auf verschiedene Risikoträger (Kapitalgeber) zu ermöglichen;

(3) *Informationserstellungs- und Kommunikationsfunktion*: Das Finanzsystem stellt Kapitalgebern und Unternehmen Informationen über verschiedene Anlage- bzw. Finanzierungsalternativen zur Verfügung. Diese Funktion des Finanzsystems steht in engem Zusammenhang mit dessen Finanzierungsfunktion, sofern die Verfügbarkeit von Informationen die Transparenz auf den Märkten verbessert und dadurch die Allokation der Investitionsmittel positiv beeinflußt;

(4) *Überwachungs- und Kontrollfunktion*[16]: Abgeleitet aus der Investitionsfinanzierung kommen dem Finanzsystem auch wichtige Aufgaben bei der Unternehmensüberwachung und –kontrolle zu, deren Erfüllung zu einem Interessenausgleich zwischen Kapitalgebern und Unternehmen beitragen soll.

3.2. Begriff der Corporate Governance

Der Bezug der vorliegenden Arbeit auf Kontrollaspekte der Rolle der Banken bringt insbes. die Überwachungs- und Kontrollfunktion des Finanzsystems in sehr enge Verbindung mit dem Begriff der *Corporate Governance*. Da in der deutschen Sprache kein exaktes Analogon für diesen Begriff existiert, erscheint es an dieser Stelle angebracht, ihn zu definieren. Von einer wörtlichen Übersetzung abgesehen (dann bedeutet er so gut wie „Herrschaft im Unternehmen"), läßt sich folgende Definition formulieren, die auch im Verlauf der Arbeit zu befolgen sei:

Das Wesen der *Corporate Governance* stellt die Gesamtheit aller rechtswirksamen institutionellen und organisatorischen Mechanismen und Normen sowie der entsprechenden Entscheidungskompetenzen, Eingriffs- und Kontrollrechte in einer Institution (Unternehmung) dar, die für einen Interessenausgleich zwischen den an dieser Institution beteiligten Personen einerseits und den für die

---

MERTON, R.C. (1998), S. 25 sowie CANALS, J. (1997), S. 28. Zu einem Überblick der verschiedenen Klassifikationen in der Literatur siehe MERTON, R.C./ BODIE, Z. (1995), S. 26-28.

[16] Diese Funktion kann zwar nicht als Teil der zentralen Funktion des Finanzsystems angesehen werden; sie stellt jedoch grundlegende Prämisse für das Funktionieren des Finanzsystems dar. Vgl. hierzu WINKLER, A. (1997), S. 19, FN 53.

Entscheidungsfindung in dieser Institution verantwortlichen Personen andererseits sorgen.[17]

3.3. Heterogenität der Bankbegriffsimplementierungen[18]

Zahlreiche theoretische Analysen und empirische Studien versuchen die *Bankinstitution* treffend zu charakterisieren. Jedoch „ist [es] bisher nicht gelungen, eine Definition des Wesens einer Bank zu finden, die allgemein befriedigen könnte"[19]. STUCKEN definiert die Banken als „Wirtschaftseinheiten, die regelmäßig als Hauptgeschäft Kredit nehmen und Kredit geben"[20]. In diesem Zusammenhang hat sich der Begriff *Kreditinstitut* als Synonym für den Begriff der Bank durchgesetzt.[21] An anderen Stellen wird die Bank als Wirtschaftsbetrieb bezeichnet, der „durch Verknüpfung der bankbetrieblichen Produktionsfaktoren geld- und kreditbezogene Dienstleistungen erstellt"[22] (*betriebswirtschaftlicher* Begriff) oder „der die Wirtschaft mit Zahlungsmitteln versorgt, der Spargelder annimmt und wieder ausleiht, der den gewerbsmäßigen Handel mit Geldkapital und Kapitalrechten (z.B. Wertpapieren) betreibt und andere mit dem Geldverkehr verbundene Geschäfte insbesondere den bargeldlosen Zahlungsverkehr pflegt"[23] (*volkswirtschaftlicher* Begriff).

Die genannten Definitionen machen den sog. *ökonomischen*[24] oder *wissenschaftlichen*[25] Begriff der Bank aus. Ferner läßt sich auch eine *Legaldefinition* oder ein *juristischer* Begriff abgrenzen. Das deutsche Kreditwesengesetz definiert in diesem Zusammenhang Kreditinstitute als „Unternehmen, die Bankge-

---

[17] Zu dieser Definition vgl. SCHMIDT, H.R./ TYRELL, M. (1997), S. 168. Häufig wird Corporate Governance als Synonym für *Unternehmensverfassung* verwendet. Vgl. z.B. SEGER, F. (1997), S. 6-7.

[18] Für eine ausführlichere Diskussion der verschiedenen Sichtweisen einer Bank in der Literatur siehe auch GESSWEIN, J.P. (1986), S. 236-240.

[19] SOMARY, F. (1934), S. 1.

[20] STUCKEN, R. (1956), S. 550.

[21] Vgl. BÜSCHGEN, H.E. (1974), S. 370. Im weiteren Verlauf der Arbeit werden Bank, Bankinstitut, Bankinstitution und Kreditinstitut synonym gebraucht.

[22] Arentzen, U./ Lörcher, U./ Hadeler, T. (1997), S. 388.

[23] MÜSSIG, K. U.A. (1988), S. 236.

[24] Vgl. hierzu HAHN, O. (1981), S. 1.

[25] Vgl. EILENBERGER, G. (1990), S. 10.

schäfte gewerbsmäßig oder in einem Umfang betreiben, der einen in kaufmänni-
scher Weise eingerichteten Geschäftsbetrieb erfordert".[26] Dieser Definition folgt
eine abschließende Aufzählung der vom Gesetzgeber als solche erklärten Bankgeschäfte, die einzeln oder gruppenweise die Eigenschaft einer Bank als solche
begründen.[27] Die Einschränkung des Bankbegriffes, zu der eine solche an
Zwecken der Gewerbeordnung und Bankenaufsicht ausgerichtete Definition
beiträgt, ist insbes. bei internationalen Vergleichen im Bankenbereich unange-
messen.[28]

Bis zu diesem Punkt dargestellten Kriterien sind jedoch unzureichend, um eine
Bank innerhalb der Gesamtheit von Finanzintermediären abzugrenzen. Ohne
Fragestellungen des Hauptteils dieser Arbeit im voraus aufgreifen zu wollen,
lassen sich immerhin zwei Aspekte nennen, die eine eindeutige Identifikation
eines Bankinstitutes gegenüber anderen Finanzintermediären als Ausgangspunkt
erlauben:[29]

- Neben der Einführung von Geld in die Wirtschaft führt die Einschaltung von
  Banken in den *Zahlungsverkehr* zu einer weiteren Reduktion der Transaktionskosten des Tausches;

- Banken sind in der Lage *(Kredit-)Geld* zu schöpfen.

Aus diesen beiden Kriterien heraus leitet GESSWEIN folgende Definition ab:

Banken sind Finanzintermediäre, die „vorrangig die transaktionskostenredu-
zierte Abwicklung des Zahlungsverkehrs zum Unternehmensziel haben und dabei über die nutzenspezifische Kreditschöpfung Anteil an der Emission der Ge-
samtgeldmenge haben"[30].

---

[26] Vgl. C&L DEUTSCHE REVISION (1998), S. 461, KWG § 1, Abs.1, Satz 1.

[27] Der Katalog der Bankgeschäfte umfaßt Einlagengeschäft, Kreditgeschäft, Diskontgeschäft,
Finanzkommissionsgeschäft, Depotgeschäft, Investmentgeschäft, Pensionsgeschäft, Garantie-
geschäft, Girogeschäft, Emissionsgeschäft, Geldkartengeschäft und Netzgeldgeschäft. Vgl.
hierzu C&L DEUTSCHE REVISION (1998), S. 461, KWG § 1, Abs.1, Satz 2. Der Umfang der
betriebenen Geschäfte ist lediglich für die Stärke der Spezialisierung und nicht für die Begründung der Bankeigenschaft maßgeblich. Vgl. HAHN, O. (1981), S. 2.

[28] Vgl. HAHN, O. (1981), S. 1.

[29] Vgl. GESSWEIN, J.P. (1986), S. 242.

[30] GESSWEIN, J.P. (1986), S. 258.

24

Inwieweit Banken Funktionen übernehmen können, die vom Inhalt dieser Definition abweichen, wird im weiteren Verlauf der vorliegenden Arbeit deutlich.

II. Theoretische Fundierung der Rolle der Banken

1. Das Finanzsystem als System der Unternehmensfinanzierung und - kontrolle

„Das Finanzsystem bildet das „Nervensystem" einer Volkswirtschaft."[31] Es ermöglicht die Umsetzung und Koordination der finanziellen Entscheidungen nichtfinanzieller Wirtschaftseinheiten, indem es Ressourcen von privaten Haushalten als Überschußeinheiten in der Volkswirtschaft zu Unternehmen als Defiziteinheiten leitet und externen Kapitalgebern zugleich Instrumente zur Kontrolle der Unternehmensleitungen zur Verfügung stellt.[32]

Unternehmensfinanzierung und -kontrolle können grundsätzlich auf zwei Wegen erfolgen: zum einen durch *direkte* Interaktion zwischen der kapitalanbietenden und der kapitalnachfragenden Seite der Finanzmärkte; zum anderen durch die *Zwischenschaltung* von Banken und anderen Finanzinstitutionen, die bei der Abwicklung von Transaktionen zwischen den beiden Marktseiten als Vermittler auftreten (vgl. hierzu Abbildung II.1).

---

[31] Monopolkommission (1998), S. 13.
[32] Vgl. auch MONOPOLKOMMISSION (1998), S. 13.

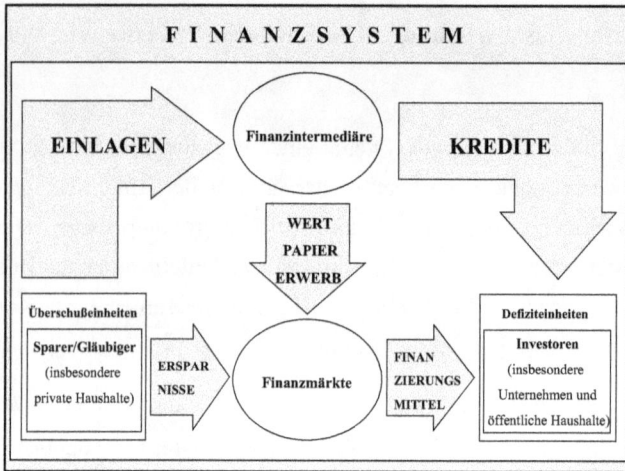

Abbildung II.1: Funktionsmechanismus des Finanzsystems[33]

Unter dem Begriff *Finanzmodell* einer Volkswirtschaft ist in diesem Zusammenhang die spezifische Konstellation des Finanzsystems zu verstehen, i.e. das Gewicht, das in diesem System der Rolle der Finanzintermediäre resp. der Rolle der Kapitalmärkte beigemessen wird.[34] Bei einer idealisierten Betrachtung lassen sich zwei Extremfälle unterscheiden, die *stilisierte Modellabbildungen* der komplexeren Realität darstellen: *bankenorientiertes* versus *kapitalmarktorientiertes* Finanzsystem.[35] Tabelle II.1 bietet eine tabellarische Gegenüberstellung der im folgenden zu erläuternden Unterscheidungsmerkmale banken- und kapitalmarktorientierter Finanzsysteme.

---

[33] Quelle: In Anlehnung an GEBAUER, W. (1998), S. 26. Vgl. auch BODIE, Z./ MERTON, R.C. (1998), S. 23, Abbildung 2.1.

[34] Vgl. CANALS, J. (1997), S. 329.

[35] Man könnte darüber hinaus eine weitere Kategorie in die Diskussion einführen, die als stark marktorientiertes Finanzsystem (*strongly market-orientated system*) bezeichnet wird. Vgl. hierzu RYBCZYNSKI, T.M. (1984), S. 278.

Tabelle II.1: Banken- und kapitalmarktorientiertes Finanzsystem im Vergleich[36]

Merkmal/Ausprägung[1]	Modell des Finanzsystems	
	banken-orientiert	markt-orientiert
Entwicklungsstand der Finanzmärkte (z.B. Niveau der Diversifikationsmöglichkeiten)	niedrig	hoch
Anteil der Finanzanlagen von Banken an gesamten Finanzanlagen der Finanzinstitutionen	hoch	gering
Grad der Regulierung des Bankensektors	niedrig	hoch
Bedeutung von Unternehmensübernahmen als Kontrollinstrument	gering	groß
Kapitalstruktur der Unternehmen		
Grad der Innenfinanzierung	niedrig	hoch
Fremd-/Eigenkapitalverhältnis (debt/equity ratio)	hoch	niedrig
Kreditgeberstruktur der Unternehmen		
Grad der Konzentration	hoch	niedrig
Bedeutung der Anleihefinanzierung	gering	groß
Anteil der Bankkredite an gesamten Verbindlichkeiten	hoch	gering
Anteil langfristiger Kredite an gesamten Verbindlichkeiten gegenüber Kreditinstituten	hoch	gering
Eigentümerstruktur der Unternehmen		
Grad der Konzentration	hoch	niedrig
Anteile von Geschäftsbanken	signifikant	unbedeutend
Zwischenbetriebliche Kapitalverflechtungen	weitverbreitet	unüblich
Wechselhäufigkeit von Kontrollpaketen	gering	hoch

1) Die Wertung der einzelnen Ausprägungen (hoch-niedrig, groß-gering etc.) ist im Verhältnis zum jeweils anderen System zu verstehen.

---

[36] Quelle: In Anlehnung an BERGLÖF, E. (1990), S. 250, Tabelle 11.6.

28

1.1. Bankenorientiertes Modell des Finanzsystems

Prägendes Merkmal des *bankenorientierten* Finanzsystems ist die herausragende Stellung des Bankensektors als Vehikel der Kapitalströme in der Volkswirtschaft. Die Allokation von Ersparnissen in Investitionen findet vor allem in Form von kurz- und langfristiger Kreditaufnahme und -vergabe durch Banken und andere Finanzintermediäre statt.[37] Banken sind als Anleger auf den Kapitalmärkten stark vertreten; sie partizipieren und beeinflussen signifikant deren Wachstum und Ergebnisverteilung.[38] Kennzeichnend ist weiterhin eine aktive Unterstützung der Kreditvergabe der Banken durch den Staat, der durch gezielte Eingriffe in die Finanzmärkte versucht, die Kosten der verschiedenen Finanzierungsformen zu beeinflussen.[39]

Die Kapitalstruktur der Unternehmen im bankendominierten Modell ist auf Grund der starken Angewiesenheit auf Bankfinanzierung durch ein relativ hohes Fremd-/Eigenfinanzierungsverhältnis gekennzeichnet. Innenfinanzierung ist im Vergleich zum kapitalmarktorientierten System von geringerer Bedeutung.[40]

Die Kreditgeberstruktur der Unternehmen im bankenorientierten Finanzsystem ist weitgehend konzentriert und wird grundsätzlich durch dauerhafte Bank-Unternehmen-Beziehungen (*Hausbankbeziehungen*) dominiert.[41] Analog gilt dies auch für die Eigentümerstruktur der Unternehmen, sofern sie sich durch Konzentration von Kapital- und Stimmrechtsanteilen hauptsächlich in den Händen von Banken, Familien, Investmentfonds, Versicherungen und anderen strategischen Eigentümern auszeichnet.[42] Zum Teil ist dies auch auf die im Durchschnitt relativ kleine Unternehmensgröße zurückzuführen.[43]

Das bankenorientierte Finanzsystem zeichnet sich ferner durch schwach entwickelte Finanzmärkte, insbes. solche für Risikokapital, aus. Somit sind die auf den

[37] Vgl. RYBCZYNSKI, T.M. (1984), S. 278 sowie BERGLÖF, E. (1990), S. 244.
[38] Vgl. hierzu CANALS, J. (1997), S. 21-25.
[39] Vgl. BERGLÖF, E. (1990), S. 244.
[40] Vgl. BERGLÖF, E. (1990), S. 245.
[41] Vgl. BERGLÖF, E. (1990), S. 246-249.
[42] Vgl. TEUFELSBAUER, W. (1990), S. 253.
[43] Vgl. BERGLÖF, E. (1990), S. 249.

Kapitalmärkten vorhandenen Möglichkeiten zur Risikodiversifikation und zum Hedging riskanter Positionen stark eingeschränkt.[44] Dies bedingt die relativ geringen Opportunitätskosten der von Aktionären gehaltenen Kontrollpakete und somit deren geringe Wechselhäufigkeit.[45]

Banken spielen im bankenorientierten Finanzsystem nicht nur als Finanzier eine besondere Rolle. Über unmittelbare Beteiligungen am Eigenkapital und Präsenz in den Kontrollgremien der Unternehmen können sie einen signifikanten Einfluß auf deren Management ausüben.[46] Dies hängt auch damit zusammen, daß die Unternehmen im Rahmen des bankendominierten Finanzmodells eindeutige Präferenz für interne Kontrollmechanismen zeigen. Bankkredite werden als „crypto equity‘‘[47] bezeichnet. Somit findet eine Verlagerung von Risiken und zugleich von Kontrollrechten von den Anteilseignern auf die Kreditgeber (Banken) statt.[48]

In diesem Zusammenhang spielen außergerichtliche Verfahren zur Beilegung von Finanzkrisen eine zentrale Rolle bei der Handhabung notleidender Unternehmen im bankenorientierten Finanzsystem.[49] Das Interesse von Banken, an solchen Aktivitäten teilzunehmen, wird durch die Gewährung eines freieren Zugangs zu unternehmensinternen Informationen und von zusätzlichen Mitsprache- und Kontrollrechten zusätzlich verstärkt.[50]

Die Homogenität und die geringe Wechselhäufigkeit der Fremd- und Eigenkapitalgeber der Unternehmen bedingen die Seltenheit von Übernahmeversuchen im bankenorientierten System.[51] Wenn Unternehmensübernahmen stattfinden, dann sind sie meistens mit dem Erzielen von Skaleneffekten und seltener mit

---

[44] Vgl. BERGLÖF, E. (1990), S. 244 sowie CANALS, J. (1997), S. 21.

[45] Vgl. BERGLÖF, E. (1990), S. 253.

[46] Vgl. CANALS. J. (1997), S. 25 sowie RYBCZYNSKI, T.M. (1984), S. 278

[47] Vgl. HART, O. (1987) zitiert nach BERGLÖF, E. (1990), S. 252.

[48] Vgl. BERGLÖF, E. (1990), S. 254.

[49] Dieser Sachverhalt ist darin begründet, daß die konzentrierte Eigentümer- und Kreditgeberstruktur, insbes. die engen Beziehungen der Unternehmen zu Banken, die Kosten solcher interner Rettungsverfahren erheblich reduzieren. Vgl. HOSHI, T./ KASHYAP, A./ SCHARFSTEIN, D. (1990), S. 68-69.

[50] Vgl. TEUFELSBAUER, W. (1990), S. 254.

[51] Vgl. FRANKS, J./ MAYER, C. (1990), S. 196; BERGLÖF, E. (1990), S. 250; TEUFELSBAUER, W. (1990), S. 253-354.

Disziplinierungs- bzw. Austauschabsichten bzgl. ineffizienter Management-
teams zu erklären.[52]

1.2. (Kapital-)Marktorientiertes Modell des Finanzsystems

Das Modell eines Finanzsystems, das man als *(kapital-)marktorientiert* bezeichnet, weist an erster Stelle klare Prädominanz der Kapitalmärkte gegenüber anderen Finanzinstitutionen bei der Abwicklung finanzieller Transaktionen auf.[53] Die
Finanzmärkte im Rahmen dieses Modells sind hochentwickelt und äußerst
funktionsfähig. Sie bieten eine breite Palette an traditionellen und innovativen
Finanzinstrumenten an.[54]

Die Ersparnisse privater Haushalte fließen größtenteils direkt in die Finanzierung von Unternehmensinvestitionen ein. Unternehmen gelangen zu neuem Kapital hauptsächlich durch Emission von fest und variabel verzinslichen Wertpapieren (Aktien und Anleihen) am Kapitalmarkt.[55]

Banken spielen in Bezug auf die langfristige Bereitstellung finanzieller Mittel
eine untergeordnete Rolle. Ihre Tätigkeit konzentriert sich hauptsächlich auf die
Befriedigung der kurz- und mittelfristigen Kapitalnachfrage der Unternehmen.
Die dazu notwendigen finanziellen Ressourcen beschaffen sich die Banken
durch Depositenaufnahme bei privaten Haushalten sowie durch Kreditaufnahme
bei anderen Finanzinstitutionen.[56]

Der Staat hält sich meistens vor direkten Interventionen in den Bankensektor
zurück. Die Bankenregulierung ist jedoch strikter als im bankenorientierten Finanzsystem und konzentriert sich auf drei Dimensionen: Größe und Portefeuil-
lewahl der Bankinstitute und Bankinterventionen in Unternehmen in wirtschaft-

---

[52] Vgl. FRANKS, J./ MAYER, C. (1990), S. 197.

[53] Vgl. CANALS, J. (1997), S. 21.

[54] Vgl. BERGLÖF, E. (1990), S. 244 sowie CANALS, J. (1997), S. 41.

[55] Vgl. BERGLÖF, E. (1990), S. 244 sowie CANALS, J. (1997), S. 41.

[56] Vgl. hierzu RYBCZYNSKI, T.M. (1984), S. 279-280 sowie BERGLÖF, E. (1990), S. 244.

licher Not.[57] Bei der Wahl der günstigsten Finanzierungsform werden die Unternehmen selten in irgend einer Form vom Staat beeinflußt.[58]

Kennzeichnend für das kapitalmarktorientierte Finanzsystem ist zudem eine klare Trennung zwischen auf den Finanzmärkten agierenden Investoren und nichtfinanziellen Unternehmen.[59] Bankenbeteiligungen an nichtfinanziellen Unternehmen und Bankenpräsenz in deren Kontrollgremien resultieren meistens infolge von Restrukturierungsmaßnahmen notleidender Unternehmen und sind in ihrer Zahl und Dauer gesetzlich begrenzt.[60] Notleidende Unternehmen melden jedoch i.d.R. Konkurs an,[61] da interne Interessenkonflikte zwischen den breit gestreuten Kapitalgebern eine außergerichtliche Restrukturierung enorm erschweren und verteuern.[62]

Die Eigentümerstruktur der Unternehmen im marktorientierten System zeichnet sich weitgehend durch Anonymität der Aktionäre aus. Da sie i.d.R. zu kleine Anteile am Eigenkapital der Unternehmen halten, sind sie nicht in der Lage Unternehmensentscheidungen maßgeblich zu beeinflussen. Somit sind auch die Möglichkeit und das Interesse von Anteilseignern, an Kontrollmaßnahmen in den Unternehmen teilzunehmen, stark eingeschränkt.[63] In der Absicht, die aus der Fragmentierung von Eigentums- und Kontrollverhältnissen resultierenden *agency*-Probleme[64] zu mildern bzw. zu lösen, werden externe Kontrollmechanismen (Markt für *corporate control*[65]) mobilisiert.[66]

---

[57] Vgl. BERGLÖF, E. (1990), S. 251.

[58] Vgl. hierzu CANALS, J. (1997), S. 41-42. Regulierungsmaßnahmen des Staates im marktorientierten System betreffen laut CANALS am stärksten das internationale Geschäft, indem sie den grenzüberschreitenden Kapitalverkehr restriktiv beeinflussen.

[59] Vgl. CANALS, J. (1997), S. 41.

[60] Vgl. hierzu GILSON, S.C. (1990), S. 364-365.

[61] Vgl. CANALS, J. (1997), S. 56.

[62] Vgl. Hoshi, T./ Kashyap, A./ Scharfstein, D. (1990), S. 68.

[63] Vgl. TEUFELSBAUER, W. (1990), S. 252 sowie BERGLÖF, E (1997), S. 255-256. Grund dafür können auch regulative Regelungen sein, die das Interesse der Aktionäre an der Haltung größerer Unternehmensanteile schmälern. Vgl. hierzu FRANKS, J./ MAYER, C. (1990), S. 209-210.

[64] Zur Principal-Agent-Problematik der Separation von Eigentum und Verfügungsgewalt in Publikumsgesellschaften vgl. vor allem BERLE, A.A./ MEANS, G.C. (1939).

[65] Wenn die Aktienpreise als Signal für die Unternehmensperformance dienen können, signalisieren niedrige Aktienpreise die Möglichkeit für eine Steigerung des *shareholder value*, in-

32

1.3. Verzicht auf einen theoretischen Vergleich der Funktionsfähigkeit der beiden Finanzmodelle

Der Begründung eines Vergleichs verschiedener Finanzsysteme liegt die Vermutung zugrunde, daß diese unterschiedlich erfolgreich bei der Finanzierung und Kontrolle von Unternehmen sind und daß die unterschiedliche Art der Beziehungen zwischen Kapitalgebern und –nehmern, die sie aufweisen, ihre Leistungsfähigkeit in dieser Hinsicht wesentlich beeinflussen kann.[67]

Die markanten Unterschiede, die die beiden dargestellten Finanzmodelle aufweisen, schließen jedoch eine gemeinsame Existenz von Finanzmärkten und Finanzintermediären nicht aus. Somit stellen Kapitalmärkte und Banken in real existierenden Finanzsystemen komplementäre Teile eines einheitlichen Allokationsmechanismus dar.[68] Selbst wenn in der Realität bestimmte Vorzüge bzgl. eines der beiden Finanzmodelle zu verzeichnen sind, ist eine Koexistenz von Intermediären (Banken) und Finanzmärkten aus dem Gesichtspunkt der Gesellschaft erwünscht. Sie gewährleistet deren gegenseitige Ergänzung und liefert damit bessere Möglichkeiten zu Transaktionskostenersparnis, Effizienzsteigerung und demzufolge verbesserter Ressourcenallokation.[69] Ein Urteil über die Funktionsfähigkeit eines Finanzsystems ist somit nur mit Kenntnis der spezifischen institutionellen und entwicklungsgeschichtlichen Besonderheiten einer Volkswirtschaft zu treffen.[70]

Der Versuch, die Überlegenheit des bankenorientierten Finanzmodells ausschließlich theoretisch zu fundieren und dadurch möglicherweise die Relevanz des Bankensektors hervorzuheben, würde den Rahmen dieser Arbeit sprengen. Außerdem würde das eine Beschäftigung mit Fragestellungen erfordern, die von der ursprünglichen Konzeption der vorliegenden Arbeit wegführen. Statt dessen

dem das schlecht gemanagte Unternehmen übernommen und sein Managementteam durch ein effizienteres ersetzt wird. Vgl. MANNE, H.G. (1965), S. 112-113. Voraussetzung dafür ist eine hohe positive Korrelation zwischen Aktienpreis und Effizienz der Unternehmensführung. Vgl. MANNE, H.G. (1965), S. 112, insbes. FN 10.

[66] Vgl. BERGLÖF, E. (1990), S. 254.

[67] Vgl. MAJEWSKI, J.R. (1996), S. 99.

[68] Vgl. CANALS, J. (1997), S. 30.

[69] Vgl. CANALS, J. (1997), S. 29.

[70] Vgl. CANALS, J. (1997), S. 30.

konzentrieren sich die Überlegungen in den nachfolgenden Kapiteln unmittelbar auf die Bankenseite des Finanzsystems, wobei es zunächst von einer unterschiedlichen institutionellen Ausgestaltung des Finanzsystems abzusehen ist.

2. Grundprinzipien der Finanzintermediation

Banken können sicherlich unmittelbar als finanzierende und kontrollausübende Institutionen des Finanzsystems betrachtet werden. Jedoch beruht ihre Relevanz auf viel komplexeren Zusammenhängen. Diese bilden den Gegenstand der Intermediationstheorie und sollen in diesem Kapitel erörtert werden.

2.1. Entstehung und Primärfunktionen von Finanzintermediären

Als Teil des Finanzsystems wird *Finanzintermediären* primär die Aufgabe übertragen, einen Ausgleich zwischen Finanzierungs- und Anlagebedarf von Wirtschaftssubjekten zu schaffen. Dazu nehmen sie auf der Grundlage von Kreditvereinbarungen Finanzmittel von Kapitalanbietern (Überschußeinheiten am Markt) entgegen und vergeben diese, ebenfalls in Form von Krediten, an kapitalnachfragende Wirtschaftssubjekte (Defiziteinheiten am Markt).[71] (Vgl. hierzu auch Abbildung II.1.) Als Bindeglied zwischen Kapitalnachfrage und Kapitalangebot, sorgen sie sowohl für eine ausreichende Versorgung der Volkswirtschaft mit Finanzmitteln und die Aufrechterhaltung des gesamtwirtschaftlichen Zahlungsmechanismus als auch für eine effiziente Kapitalallokation.[72]

Finanzintermediäre entstehen wie alle anderen Unternehmen am Markt dann, wenn sie durch ihre Tätigkeit kostendeckende Ergebnisse erzielen können.[73] Für die Entstehung von Finanzunternehmen sind grundsätzlich zwei Varianten denkbar. Zum einen kann sich angesichts potentieller Transaktionskostenvorteile, die sich aus einer externen gegenüber der internen Koordination ergeben, ein Teilbereich eines Unternehmens (meistens der Finanzbereich) *durch Abspaltung* am Finanzmarkt verselbständigen.[74] Zum anderen kann ein Transaktionskostenvorteil bei der Abwicklung finanzieller Transaktionen durch eine (Finanz-)

[71] Vgl. BITZ, M. (1989), S. 430.
[72] Vgl. BÜSCHGEN, H.E. (1998a), S. 34.
[73] Vgl. BÜSCHGEN, H.E. (1998a), S. 37-38.
[74] Vgl. COASE, R.H. (1937), S. 38.

Organisation gegenüber einem privaten Geschäftsabschluß über den Finanzmarkt vorliegen, der zu der *originären* Entstehung eines Finanzintermediärs
führt.[75]

Märkte, die sich durch vollständige Transparenz, kostenfreie Transaktionsab-
wicklung und Sicherheit der Transaktionsbeziehungen auszeichnen, werden als
vollkommen bezeichnet.[76] Tatsache ist es aber, daß in der Realität diese Bedin-
gungen nicht erfüllt sind. Man spricht von Marktunvollkommenheiten - asymmetrische Informationsverteilung, Transaktionskosten, Unsicherheit. Das theoretische Konzept der Finanzintermediation spezifiziert in diesem Zusammenhang grundsätzlich zwei Prozesse, an denen Finanzintermediäre partizipieren
und die zu einer Verringerung der Marktfriktionen beitragen: zum einen den
Prozeß der Reduktion von Informationsasymmetrien und Transaktionskosten
(*Transaktionsprozeß*); zum anderen den Prozeß eines qualitativen Ausgleichs
zwischen Kapitalaufnahme- und Kapitalanlagebedarf auf den Finanzmärkten
(*Transformationsprozeß*).[77] Abbildung II.2 veranschaulicht die funktionalen
Komponenten der beiden Prozesse.

---

[75] Vgl. COASE, R.H. (1937), S. 40.
[76] Vgl. BÜSCHGEN, H.E. (1998a), S. 35.
[77] Vgl. BÜSCHGEN, H.E. (1998a), S. 35.

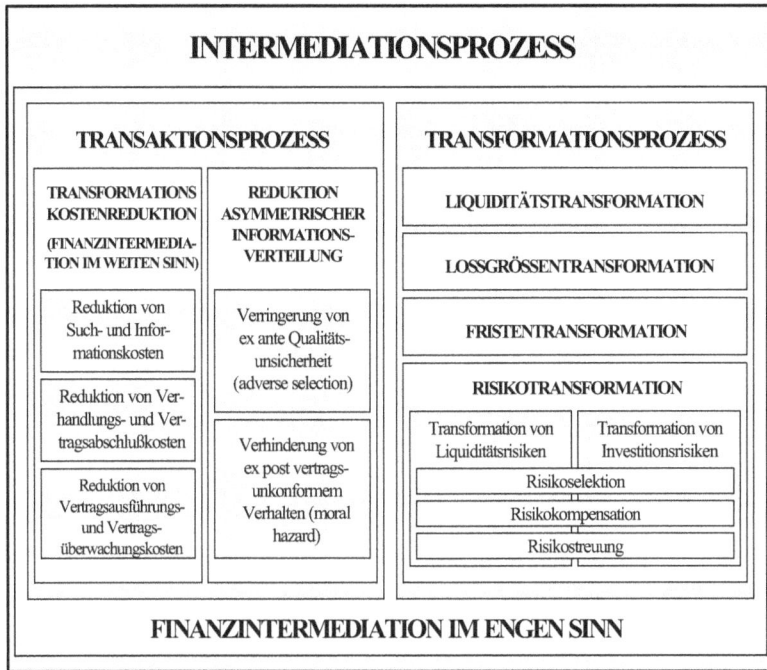

```
┌─────────────────────────────────────────────────────────────────────┐
│                     INTERMEDIATIONSPROZESS                           │
│                                                                     │
│  ┌──────────────────────────────┐  ┌──────────────────────────────┐ │
│  │      TRANSAKTIONSPROZESS      │  │   TRANSFORMATIONSPROZESS     │ │
│  └──────────────────────────────┘  └──────────────────────────────┘ │
└─────────────────────────────────────────────────────────────────────┘
```

INTERMEDIATIONSPROZESS

TRANSAKTIONSPROZESS

TRANSFORMATIONS KOSTENREDUKTION (FINANZINTERMEDIATION IM WEITEN SINN)	REDUKTION ASYMMETRISCHER INFORMATIONS-VERTEILUNG
Reduktion von Such- und Informationskosten	Verringerung von ex ante Qualitätsunsicherheit (adverse selection)
Reduktion von Verhandlungs- und Vertragsabschlußkosten	Verhinderung von ex post vertragsunkonformem Verhalten (moral hazard)
Reduktion von Vertragsausführungs- und Vertragsüberwachungskosten	

TRANSFORMATIONSPROZESS

LIQUIDITÄTSTRANSFORMATION

LOSSGRÖSSENTRANSFORMATION

FRISTENTRANSFORMATION

RISIKOTRANSFORMATION

Transformation von Liquiditätsrisiken	Transformation von Investitionsrisiken
Risikoselektion	
Risikokompensation	
Risikostreuung	

FINANZINTERMEDIATION IM ENGEN SINN

Abbildung II.2: Primärfunktionen von Finanzintermediären[78]

2.1.1. Funktionen von Finanzintermediären im Rahmen des Transaktionsprozesses[79]

2.1.1.1. Transaktionskostenreduktion

Kosten bei der Abwicklung von Transaktionen können in folgenden Formen entstehen:[80]

---

[78] Vgl. auch BÜSCHGEN, H.E. (1998a), S. 36, Abbildung 2.

[79] BITZ betrachtet die Funktionen im Rahmen des Transaktionsprozesses als Teil der Transformationsfunktionen, d.h. des Transformationsprozesses, und subsumiert sie unter den Begriff *Informationsbedarfstransformation*. Vgl. hierzu BITZ, M. (1989), S. 433.

[80] Vgl. BÜSCHGEN, H.E. (1998a), S. 36-37.

(a) Kosten der Informationsbeschaffung über potentielle Marktkontrahenten und deren Vorstellungen bzgl. der Vertragskonditionen – Ertrag-Risiko-Konstellation, Losgröße und Frist der Vereinbarungen (*Such- und Informationskosten*);

(b) Kosten für die Vertragsverhandlungen und den Vertragsabschluß, z.B. Kosten der Preisermittlung und der Vertragsformulierung (*Vertragskosten*);

(c) Kosten der Vertragsausführung und Vertragsüberwachung (*Anpassungs- und Kontrollkosten*).

Um den Präferenzen von Kapitalanbietern regelrecht entsprechen zu können, müssen kapitalnachfragende Einheiten bei einer rein marktlichen Problemlösung versuchen, ihr Anlageangebot diesen Präferenzen anzupassen. Dies resultiert in einem enormen Informationsaufwand zur Herstellung geeigneter Bündelungen hinsichtlich Ertrag-Risiko-Konstellation, Betrag und Frist der Anlagen.[81]

Kosten der individuellen Suche nach einem geeigneten Vertragspartner werden erspart, indem spezifischer Anlage- und Finanzierungsbedarf eines Marktkontrahenten über einen Finanzintermediär gedeckt wird. Auf Grund ihrer Geschäftstätigkeit sind Finanzintermediäre über eine Vielzahl von Kreditgebern und Kreditnehmern informiert. Zudem können sie durch Einschaltung in die Beziehung zwischen zwei Marktteilnehmern isoliert mit jeder der Parteien vertragliche Verhältnisse unterhalten.[82] Der Informationsbedarf potentieller Kontraktparteien verringert sich somit auf die Kenntnis eines geeigneten Finanzvermittlers.[83]

Ferner werden die Geschäfte eines Finanzintermediärs über normierte Kontrakte abgewickelt, so daß dadurch die Kosten des Vertragsabschlusses deutlich gesenkt werden.[84] Die standardisierte Vertragsform erscheint vorteilhaft auch in Bezug auf eine schnelle Reaktion auf Veränderungen der Marktbedingungen. Ein direkter Vertragsabschluß zwischen zwei am Kapitalmarkt kontrahierenden Parteien ist somit in Bezug auf Veränderungen weniger flexibel und mit höheren

---

[81] Vgl. GÖPPL, H. (1986), S. 15.

[82] Vgl. BÜSCHGEN, H.E. (1998a), S. 34-35 sowie Bitz, M. (1989), S. 433.

[83] Vgl. BITZ, M. (1989), S. 433.

[84] Vgl. GESSWEIN, J.P. (1986), S. 232.

Anpassungskosten verbunden als ein durch einen Finanzintermediär vermittelter Kreditvertrag.[85]

Möglichkeiten zu privaten Prüf- und Signalisierungsmaßnahmen in der Vertragsrealisierungsphase sind zwar allgemein nicht auszuschließen. Sie sind jedoch entweder mit sehr hohen Kosten verbunden oder für private Haushalte und kleinere Unternehmen gar nicht vorhanden.[86] Die Transaktionskostenersparnis, die aus der Zwischenschaltung eines Finanzintermediärs resultiert, ist durch seine Spezialisierungsvorteile bedingt.[87] Sie führen zum einen zu sinkenden Stückkosten durch Ausführung zahlreicher gleichartiger Leistungen (*economies of scale*), zum anderen zu Kostenersparnis durch Erstellung und Angebot eines nachfrageadäquaten Leistungsbündels (*economies of scope*).[88]

2.1.1.2. Reduktion von Informationsasymmetrien

Wie bereits darauf hingewiesen wurde, müssen einzelne Personen sehr hohe Kosten aufwenden, um die *wahre* Bonität potentieller Marktkontrahenten zu erfahren bzw. um Informationen über die eigene Bonität *wahrheitsgetreu* zu übermitteln. Informationsverzerrungen, die dafür verantwortlich sind, sind ein weiterer Grund für die Einschaltung von Finanzintermediären in den Transaktionsprozeß.[89] Asymmetrische Informationsverteilung bedingt den ungleichen Informationsstand potentieller Marktkontrahenten bzgl. der Verläßlichkeit der erhaltenen Zahlungsversprechen (*hidden information*) sowie die Unsicherheit bzgl. des Verhaltens des Kontraktpartners nach Vertragsabschluß (*hidden action*).[90]

Hidden information kann dazu führen, daß der Markt die Qualität der Finanztitel in den Marktpreisen nicht wahrhaft widerspiegelt, da sich Kapitalanbieter an der durchschnittlichen Bonität am Markt orientieren. Das Phänomen einer negativen Auslese von Anlagealternativen, bei der Kapitalnachfrager mit überdurch-

[85] Vgl. GESSWEIN, J.P. (1986), S. 232.
[86] Vgl. GÖPPL, H. (1986), S. 16.
[87] Vgl. GÖPPL, H. (1986), S. 16-17.
[88] Vgl. BÜSCHGEN, H.E. (1998a), S. 38.
[89] Vgl. BÜSCHGEN, H.E. (1998a), S. 37.
[90] Vgl. BÜSCHGEN, H.E. (1998a), S. 37.

schnittlicher Bonität aus dem Finanzmarkt ausscheiden, wird als *adverse selection* bezeichnet.[91]

Hidden action ist als Möglichkeit dadurch bedingt, daß Leistung und Gegenleistung bei Finanztransaktionen zeitlich auseinanderfallen.[92] Dadurch entsteht auf der Seite des Nutzers der Leistung freies Potential für eigennütziges Verhalten (*moral hazard*), das um so stärker genutzt werden kann, je geringer die Möglichkeiten zur Kontrolle und Überwachung seitens des jeweiligen Kontraktpartners sind.[93]

Finanzintermediäre besitzen gegenüber einzelnen Personen einen relativen Kapazitätsvorteil in Bezug auf Informationsbeschaffung, -verarbeitung und -weitergabe. Somit sind sie in der Lage, Informationsasymmetrien effektiver zu reduzieren. Die resultierende Verbesserung der Markttransparenz impliziert bessere Kapitalallokation.[94]

2.1.2. Funktionen von Finanzintermediären im Rahmen des Transformationsprozesses

Die Existenz von Friktionen zwischen Finanzierungs- und Anlagebedarf auf den Finanzmärkten löst die Notwendigkeit eines Ausgleichs zwischen qualitativ differierenden Wünschen von Kapitalnachfragern und Kapitalanbietern aus. Hinsichtlich des Beitrags der Finanzintermediäre zur Beseitigung dieser Friktionen lassen sich im Rahmen der qualitativen Kapitaltransformation vier Teilfunktionen unterscheiden: Losgrößen-, Fristen-, Risiko- und Liquiditätstransformation.[95]

---

[91] Vgl. hierzu ACKERLOF, G.A. (1970).

[92] Vgl. Schmidt, R.H./ Terberger, E. (1996), S. 65.

[93] Vgl. BÜSCHGEN, H.E. (1998a), S. 37.

[94] Vgl. BÜSCHGEN, H.E. (1998a), S. 37.

[95] In der Literatur werden meistens drei Funktionen im Rahmen des Transformationsprozesses klassifiziert, ohne daß die Liquiditätstransformation als separate Funktion dem Transformationsprozeß direkt zugeordnet wird. Im Rahmen dieser Arbeit erscheint die Liquiditätstransformation wichtig für die Abgrenzung der Bankinstitution gegenüber anderen Finanzvermittlern. Deshalb soll sie hier separat erläutert werden.

2.1.2.1. Losgrößentransformation

Eine Nichtübereinstimmung der betragsbezogenen Präferenzen von zwei potentiellen Vertragspartnern erfordert eine zumindest einseitige Anpassung der Zahlungspläne oder die Unterhaltung mehrerer vertraglicher Beziehungen zur Deckung des spezifischen Anlage- oder Finanzbedarfs.[96]

Im Rahmen der Losgrößentransformation werden mehrere betragsmäßig kleine Depositen von einem Finanzintermediär entgegengenommen, anschließend gebündelt und als ein großer Kreditbetrag an kapitalnachfragende Investoren vergeben. Im anderen Fall wird eine vom Betrag her große Einlage von einem Finanzintermediär eingenommen und anschließend in mehreren kleineren Teilen ausgeliehen. In Konsequenz der betragsmäßigen Umwandlung des Kapitals werden potentielle Kapitalnehmer mit einem größeren Kapitalangebot konfrontiert, ohne selbst dafür Kosten für die Kontrahentensuche und den Abschluß mehrerer separater Verträge aufwenden zu müssen.[97]

2.1.2.2. Fristentransformation

Um das Ziel intertemporaler Nutzenoptimierung zu erreichen, nehmen Haushalte und Unternehmen im Rahmen der neoklassischen Finanzierungstheorie Portefeuillebildung mit Wertpapieren verschiedener Fristigkeit vor.[98] Dies deutet darauf hin, daß ein vollkommener Kapitalmarkt in Bezug auf die zeitliche Kapitaltransformation eine hinreichende und optimale Lösung darstellt.

Angesichts existierender Marktunvollkommenheiten jedoch sollen Finanzvermittler meistens kurzfristige Präferenzen von Sparern zu i.d.R. langfristigen Kreditwünschen von Firmen umwandeln, indem sie diese in geeigneter Weise kombinieren.[99] Durch die Möglichkeit formal kurzfristig deponierte, jedoch qua-

---

[96] Vgl. BITZ, M. (1989), S. 433.
[97] Vgl. BÜSCHGEN, H.E. (1998a), S. 39.
[98] Vgl. hierzu RUBINSTEIN, M. (1977).
[99] Vgl. Dewatripont, M./ Tirole, J. (1993), S. 14.

si langfristig zur Verfügung gestellte Mittel langfristig zu vergeben, kann das Angebot an langfristigen Finanzierungsmitteln erhöht werden.[100]

Durch die Fristentransformation innerhalb eines Finanzintermediärs kann die Transparenz und somit auch das Transaktionskostenniveau auf den Finanzmärkten in erheblichem Umfang gesenkt werden.[101] Kreditnehmer können durch die Aufnahme eines langfristigen Kredites die Kosten für mehrfache Kreditprolongation bzw. für zahlreiche aufeinanderfolgende kurzfristige Kreditverträge vermeiden.[102]

2.1.2.3. Risikotransformation

Risiken können zum einen dadurch entstehen, daß liquide Mittel vor Fälligkeit einer Anlage benötigt werden (*Liquiditätsrisiko*[103]), zum anderen wegen der positiven Wahrscheinlichkeit für den Ausfall der investierten Mittel (*Investitionsrisiko*).

Ursache für das Investitionsrisiko können *exogene* und/oder *endogene* Unsicherheit sein.[104] Die *exogene* Unsicherheit ist für die an einer Transaktionsbeziehung beteiligten Wirtschaftssubjekte nicht beeinflußbar (z.B. Preisänderungsrisiken). Die *endogene* Unsicherheit resultiert aus Informationsverzerrungen und der Möglichkeit für opportunistisches Verhalten innerhalb einer Transaktionsbeziehung (*adverse selection*- und *moral hazard*-Problematik).[105]

Im Rahmen der Risikotransformation werden die in den einzelnen Krediten eines Finanzintermediärs enthaltenen Risiken anhand verschiedener Diversifikationsmöglichkeiten (Risikoselektion, Risikokompensation und Risikostreuung) in erheblichem Umfang reduziert. Finanzintermediäre werden folglich mit einem geringeren Ausfallrisiko ihrer Anlage- und Kreditportefeuilles konfrontiert, als die Summe der Einzelrisiken ihrer Aktiva beträgt. So lassen sich von den Fi-

---

[100] Nach dem Prolongationsprinzip werden fällige Einlagen zum Teil nicht abgezogen; andererseits werden nach dem Substitutionsprinzip fällige und abgezogene Einlagen zum Teil durch neue ersetzt. Vgl. hierzu BÜSCHGEN, H.E. (1998a), S. 39.

[101] Vgl. GESSWEIN, J.P. (1986), S. 231.

[102] Vgl. BÜSCHGEN, H.E. (1998a), S. 39-40.

[103] Vgl. Diamond, D.W./ Dybvig, P.H. (1983), S. 403.

[104] Vgl. hierzu SCHOPPE, S.G. U.A. (1995), S. 152.

[105] Vgl. SCHOPPE, S.G. U.A. (1995), S. 152-153.

nanzintermediären Kapitalanlagemöglichkeiten generieren, die im Vergleich zu einer unvermittelten Investition am Kapitalmarkt ein geringeres Risiko besitzen.[106]

Die Finanzintermediation verändert in diesem Zusammenhang die Risikostruktur in drei Dimensionen:[107]

(1) Die aus der Geschäftstätigkeit eines Finanzintermediärs resultierenden Ausfallrisiken werden nicht von den einzelnen Einlegern, sondern vom Finanzintermediär getragen (*Intermediärhaftung*[108]). Durch die Mobilisierung eigener Mittel können Finanzintermediäre einen besseren Ausgleich potentieller Verluste gewährleisten, als dies für einzelne Einleger bei einer direkten Anlage an den Finanzmärkten möglich wäre.

(2) Durch die Verteilung auf mehrere Vermögenspositionen können die unsystematischen Risiken aus den vergebenen Krediten eines Finanzintermediärs vernichtet werden. Die systematischen Risiken werden in das Anlage- und Kreditportefeuille des Finanzintermediärs übernommen. Dabei können vom Finanzintermediär Losgrößeneffekte erzielt werden;

(3) Mit Hilfe von Kreditsicherheiten und geeigneten Sanktionsmechanismen können Finanzintermediäre ihre Vertragspartner dazu bringen, abgeschlossene Verträge vereinbarungsgemäß auszuführen. Obwohl mit der Zwischenschaltung eines Finanzvermittlers Informationsasymmetrien zwischen Einlegern und dem Finanzintermediär anstelle der asymmetrischen Informationsverteilung zwischen zwei Marktparteien eintreten können, ist das daraus resultierende Risiko geringer als bei einem direkten Vertragsabschluß einzuschätzen. Ein vertragsunkonformes Verhalten seitens des Finanzintermediärs wird von ihm aus Reputationsgründen als nachteilig und seine Marktposition gefährdend angesehen.[109] In dieser Hinsicht ist die Überlassung von Kapital an einen Finanzintermediär einem privaten Geschäft vorzuziehen.

---

[106] Vgl. BÜSCHGEN, H.E. (1998a), S. 40.
[107] Zu den folgenden Ausführungen vgl. im wesentlichen BÜSCHGEN, H.E. (1998a), S. 40.
[108] Vgl. BITZ, M. (1989), S. 434.
[109] Vgl. hierzu GESSWEIN, J.P. (1986), S. 234.

42

2.1.2.4. Liquiditätstransformation

Sofern Betrag, Frist und Risiko als Dimensionen der Liquidität betrachtet werden können, projiziert die Liquiditätstransformation die restlichen drei Transformationsfunktionen auf der gleichen Ebene.[110]

Die Einschaltung eines Finanzintermediärs in den Transformationsprozeß ermöglicht die Umwandlung von Bargeld zu zwar weniger liquiden jedoch ertragbringenden Vermögenspositionen oder aber eine relativ schnelle Transformation in entgegengesetzter Richtung – von illiquiden zu liquiden Mitteln und sogar Bargeld.[111] Im Ergebnis der Liquiditätstransformation stellen die Verbindlichkeiten eines Finanzintermediärs vollkommen liquide Bilanzpositionen dar, während die Forderungen aus den vergebenen Krediten illiquide sind.[112]

Solange ein Finanzintermediär lediglich als Durchgangsstation für finanzielle Mittel fungiert, sind all seine Kredittransaktionen durch entsprechende Einlagen abgedeckt.[113] Hinter der Grundidee der Liquiditätstransformation steht jedoch auch der folgende Gedanke:

„Wenn die stets fälligen Verbindlichkeiten, also Depositen und Noten, auch stets fällig sind und also jeden Augenblick müssen eingelöst werden können, so ist es eben eine erfahrungsgemäss festgestellte Tatsache, daß sie nicht alle gleichzeitig (...) gekündigt werden."[114]

Durch die Möglichkeit Kredite über den Betrag des deponierten Kapitals hinaus zu vergeben, wird zusätzliche Liquidität in der Ökonomie hergestellt. Finanzintermediäre sind in diesem Sinne in der Lage *Kreditgeld* zu schöpfen.[115] Somit geht die Liquiditätstransformation über die sonstigen Transformationsleistungen hinaus.[116]

---

[110] Vgl. Arentzen, U./ Lörcher, U./ Hadeler, T. (1997), S. 388-389.
[111] Vgl. HUBBARD, R.G. (1997), S. 5.
[112] Vgl. PIERCE, J.L. (1991), S. 18.
[113] Vgl. GESSWEIN, J.P. (1986), S. 248.
[114] WAGNER, A.H.G. (1857), S. 167.
[115] Vgl. hierzu GESSWEIN, J.P. (1986), S. 250-252 und das dort präsentierte Beispiel.
[116] Vgl. GESSWEIN, J.P. (1986), S. 258.

2.1.3. Abgrenzung einer Bank gegenüber anderen Finanzvermittlern

Die Teilnahme am Transaktionsprozeß ist zwar eine notwendige, jedoch keine hinreichende Bedingung für Banken. Ein Finanzintermediär kann von anderen Finanzvermittlern erst dann als Bank, also als Finanzintermediär i.e.S., abgegrenzt werden, wenn er am Transformationsprozeß partizipiert und zugleich die Betrags-, Fristen- und Risikotransformation ausüben kann. (Vgl. hierzu auch Abbildung II.2.) Finanzintermediäre, die einzelne Teilfunktionen, jedoch nicht das gesamte Bündel an Transformationsfunktionen ausführen können, erfüllen nicht die Bankeigenschaft.[117] Die Liquiditätstransformation an sich identifiziert als einzige hinreichend eine Institution als Bank,[118] da sie (auch) die restlichen drei funktionalen Komponenten des Transformationsprozesses gleichzeitig reflektiert.

Im folgenden sollen einige theoretische Modellansätze zur Erklärung der Finanzintermediation betrachtet werden, die die bereits dargestellten Funktionen finanzieller Vermittler zum Gegenstand ihrer Analysen machen.

2.2. Theoretische Erklärungsansätze der Finanzintermediation

In der Tradition der neoklassischen Wirtschaftstheorie blieben Finanzintermediäre ohne die nötige Anerkennung ihrer Rolle bei der Lösung des Allokationsproblems des Kapitals.[119] Die Aufhebung der zentralen Annahme vollständiger Information ruft jedoch die Notwendigkeit von Finanzinstitutionen hervor, die daraus resultierende Marktfriktionen effizient verringern können. Die Transformationsfunktionen von Finanzintermediären wurden somit zum Zentralproblem zahlreicher ökonomischer Modelle.

Im Rahmen dieses Abschnitts soll nicht versucht werden, einen vollständigen Überblick über existierende Theorien, die die Bedeutung der Finanzintermediation begründen bzw. ablehnen, zu vermitteln. Vielmehr geht es darum, einige für die Fragestellung dieser Arbeit wesentliche Zusammenhänge herauszugreifen.

---

[117] Vgl. BÜSCHGEN, H.E. (1998a), S. 38-39.
[118] Vgl. dazu GERTLER, M. (1988), S. 561
[119] Vgl. Schmidt, R.H./ Hackethal, A./ Tyrell, M. (1997), S.3

44

2.2.1. Die neoklassische Modellwelt - Wirtschaft ohne Finanzintermediäre

Obwohl man die neoklassische Wirtschaftstheorie nicht als „Theorie ohne institutionellen Inhalt"[120] bezeichnen kann, zeichnet sich dieses theoretische Konzept weitgehend durch eine neutrale Einstellung gegenüber Finanzinstitutionen bzgl. der Abwicklung von Markttransaktionen aus. PASINETTI schildert treffend die Essenz der neoklassischen Theorie:

„Neoclassical Theory, both in its traditional and its more recent formulation, presupposes the set of institutions of a perfectly functioning free market economy."[121]

Alle Transaktionen, die in einer arbeitsteiligen Ökonomie vollzogen werden, resultieren aus der Notwendigkeit der Deckung des individuellen Bedarfs.[122] In einer Wirtschaft mit idealen und friktionslosen Kapitalmärkten, wie sie von der neoklassischen Kapitalmarkttheorie unterstellt werden, können diese Transaktionen von jedem Einzelnen selbst und kostenlos über den Markt abgewickelt werden.[123]

Der Finanzierungsbedarf von Unternehmen läßt sich durch Wertpapieremissionen und/oder aus den Erlösen der abgesetzten Outputs reibungslos decken.[124] Finanzierungs- und Investitionsscheidungen lassen sich separat treffen.[125] Es besteht dementsprechend kein Konkursrisiko.[126] Da sich die Märkte durch vollkommene Transparenz auszeichnen, sind auch die Informationserstellungs- und Kommunikationsfunktion des Finanzsystems ohne Bedeutung.[127]

---

[120] Vgl. hierzu COASE, R.H. (1984), S. 230.
[121] PASINETTI, L.L. (1994), S. 39.
[122] Vgl. GÖPPL, H. (1986), S. 9.
[123] Vgl. GÖPPL, H. (1986), S. 10.
[124] Vgl. GÖPPL, H. (1986), S. 12.
[125] Vgl. FISHER, I. (1931), S. 208-210.
[126] Die Risiken, die die Unternehmen in diesem Modell zu tragen haben, sind sehr klein, da alle Investitionsrisiken diversifizierbar sind. Infolgedessen ist die Kostendifferenz zwischen Eigen- und Fremdkapital sehr gering. Die Unternehmen finanzieren sich zum größten Teil mit Eigenkapital. Kredite werden lediglich zur Überbrückung kurzfristiger Schwankungen zwischen den Aktienemissionen benutzt. Vgl. hierzu ENGELS, W. (1978), S. 20.
[127] Vgl. HELLWIG, M. (1997), S. 213. Notwendige Informationen sind kostenlos erhältlich. Vgl. hierzu GÖPPL, H. (1986), S. 10.

Unternehmen werden als homogene Entscheidungseinheiten betrachtet, wodurch gleichgerichtete Zielsetzungen der Wirtschaftssubjekte, die in irgend einer Form in Beziehung zu den Unternehmen stehen (Kapitalgeber, Unternehmensleitungen etc.), unterstellt werden.[128] Unternehmensüberwachung und -kontrolle spielen insofern keine Rolle.

Die Einführung von Finanzintermediären würde die Effizienz der Kapital- und Risikoallokation in keinerlei Weise beeinflussen. In einer Welt vollkommener Kapitalmärkte wird somit den Finanzintermediären ihre Existenzberechtigung entzogen.[129]

2.2.2. Die konventionelle Theorie der Finanzintermediation

Die ersten Ansätze einer fundamentalen Erklärung und Anerkennung der Rolle von Finanzinstitutionen in der Wirtschaftsanalyse liefert die Theorie von GURLEY und SHAW (1955). Den Ausgangspunkt bildet die Kritik, die die Autoren gegen die traditionelle Vernachlässigung finanzieller Aspekte bei Beschäftigungen mit der Thematik des Wirtschaftswachstums äußern.[130]

Der Schwerpunkt der Analyse wird auf die Rolle von Finanzintermediären im Prozeß der Kreditschöpfung gelegt. Alternativ werden zwei Fälle betrachtet. Zum einen wird eine Wirtschaft unterstellt, in der keine Finanzinstitutionen existieren, so daß Mittelbeschaffung nur über Selbst- und unvermittelte Außenfinanzierung möglich ist.[131] Zum anderen kommt es zu einer Zwischenschaltung von Finanzintermediären (Commercial Banks), die die Möglichkeit zur vermittelten Außenfinanzierung mit sich bringen.[132] Diese Möglichkeit begründet letztendlich ihre ökonomische Existenzberechtigung.

Banken fungieren in diesem Kontext als Vermittler zwischen Überschuß- und Defiziteinheiten und als Transformatoren von Kapital.[133] Besondere Bedeutung kommt dabei der Fristentransformation zu, weil Investitionen meist langfristiger

---

[128] Vgl. HELLWIG, M. (1997), S. 217.

[129] Vgl. HELLWIG, M. (1997), S. 213-214.

[130] Vgl. Gurley, J.G./ Shaw, E.S. (1955), S. 515.

[131] Vgl. GURLEY, J.G./ SHAW, E.S. (1955), S. 518-519.

[132] Vgl. GURLEY, J.G./ SHAW, E.S. (1955), S. 519-520.

[133] Vgl. Gurley, J.G./ Shaw, E.S. (1955), S. 519.

finanziert werden müssen, als einzelne Spareinlagen zur Verfügung stehen. Das Kapital fließt infolgedessen effizienteren Verwendungsmöglichkeiten zu, als wenn Finanzierungsmittel lediglich intern generiert bzw. direkt gehandelt werden würden.[134] Im Ergebnis der Betätigung der Banken auf den Finanzmärkten wird die Fungibilität von Vermögenstiteln und somit das volkswirtschaftliche Wachstumspotential erhöht.[135]

2.2.3. Die neue Theorie der Finanzintermediation

Die Modelle im Rahmen der neuen Intermediationstheorie gehen explizit der Frage nach, welche Funktionen ein Finanzintermediär relativ zu einzelnen Personen am Markt günstiger anbieten und effizienter erfüllen kann. Die Erklärung der Existenz von Finanzintermediären baut dabei hauptsächlich auf Risiko- und Informationsaspekte auf.[136]

2.2.3.1. Modell von BOYD und PRESCOTT

Die Analyse von BOYD und PRESCOTT (1986) setzt an der *adverse selection*-Problematik der Kapitalmärkte[137] an. Die Rolle, die dabei Finanzintermediären zukommt, ist mit deren relativen Vorteilen gegenüber einzelnen Personen verbunden, ausführliche Informationen über potentielle Kreditnehmer zu beschaffen und auf dieser Grundlage deren Investitionsprojekte zu bewerten.[138]

Den Ausgangspunkt bildet die Annahme, daß alle Wirtschaftssubjekte in der Ökonomie jeweils über ein begrenztes Anfangsvermögen und ein Investitionsprojekt verfügen, das von Individuum zu Individuum in Abhängigkeit von den

---

[134] Vgl. GURLEY, J.G./ SHAW, E.S. (1955), S. 519-520.

[135] Ein relativer Anstieg der Wachstumsrate der Gesamtverschuldung einer Wirtschaft im Verhältnis zu der Wachstumsrate des gesamtwirtschaftlichen Vermögens und Einkommens wird als wachstumsfördernd bezeichnet. Im Vergleich zu der ausschließlichen Möglichkeit einer unvermittelten Mittelbeschaffung oder Selbstfinanzierung trägt die Kreditaufnahme- und Kreditvergabetätigkeit der Banken zu einem schnelleren Zuwachs der Gesamtverschuldung bei. Vgl. GURLEY, J.G./ SHAW, E.S. (1955), S. 517 und zum Beweis S. 519, FN 7.

[136] Außer den im folgenden dargestellten Modellen vgl. auch Bhattacharya, S./ Gale, D. (1987); Bernanke, B.S./ Gertler, M. (1987); Calomiris, C.W./ Kahn, C.M. (1991); John, K./ John, T.A./ Saunders, A. (1994).

[137] Vgl. hierzu auch ACKERLOF, G.A. (1970).

[138] Vgl. Boyd, J.H./ Prescott, E.S. (1986), S. 213.

privaten Informationen qualitativ variieren kann, d.h. als „gut" oder „schlecht" bewertet wird.[139] Wirtschaftssubjekte mit „guten" Investitionsmöglichkeiten haben die Alternativen, Finanzierungsmittel für ihre Projekte entweder durch Wertpapieremission oder durch Kreditaufnahme zu beschaffen. Andere mit „schlechten" Anlageaussichten werden mit den Alternativen konfrontiert, entweder ihre finanziellen Mittel kapitalsuchenden Investoren zur Verfügung zu stellen oder die Wirtschaftssubjekte mit „guten" Investitionsprojekten zu imitieren und eigene Wertpapiere (mit schlechter Qualität) am Markt auszugeben.[140]

Finanzintermediäre entstehen vor diesem Hintergrund als *endogene Vermittler-Koalitionen*, die durch Informationsbereitstellung und Projektbewertung die Transparenz auf dem Kapitalmarkt erhöhen und somit zu einer optimalen Ressourcenallokation beitragen.[141]

2.2.3.2. Modell von FAMA

FAMA (1985) benutzt als Ausgangspunkt für seine Analyse die Überlegung, daß Wirtschaftssubjekte i.a. bereit sind, höhere Gegenleistungen (Zinssätze) für Bankkredite zu zahlen als für andere Finanzierungsmöglichkeiten am Markt, die dasselbe Risiko aufweisen.[142] Dieser Tatbestand ist darin begründet, daß Banken im Vergleich zu einzelnen Personen und anderen Intermediären (Versicherungen, *finance companies* etc.) einen relativen Wettbewerbsvorteil bei der Beschaffung von Informationen über potentielle Kreditnehmer besitzen. Dieser erlaubt es ihnen, Informationsverzerrungen im Finanzsystem effizienter zu verringern. Das hängt auch damit zusammen, daß Bankkredite als *inside debt* klassifiziert werden, der Banken den Zugang zu unternehmensinternen Informationen, die öffentlich nicht verfügbar sind, verschafft und sie überdies am Entscheidungsprozeß in den Unternehmen beteiligt.[143]

In diesem Zusammenhang wird die Kreditvergabe an ein Unternehmen als positives Signal für dessen Kreditwürdigkeit interpretiert. Dieses Signal erspart die-

---

[139] Vgl. Boyd, J.H./ Prescott, E.S. (1986), S. 214.

[140] Vgl. Boyd, J.H./ Prescott, E.S. (1986), S. 226.

[141] Vgl. BOYD, J.H./ PRESCOTT, E.S. (1986), S. 226-227.

[142] Vgl. FAMA, E.F. (1985), S. 33.

[143] Vgl. FAMA, E.F. (1985), S. 36.

sem und anderen Unternehmen Informationskosten bei künftiger Kontrahenten-suche und weiteren Vertragsabschlüssen.[144]

2.2.3.3. Modell von DIAMOND

DIAMOND (1984) betrachtet die Rolle finanzieller Intermediäre aus der Perspektive ihrer Fähigkeit, komplexe Informations- und Anreizprobleme in der Beziehung zwischen Kreditgebern und Unternehmenseignern effizienter zu lösen, als dies private Personen am Markt tun können.

Den Ausgangspunkt stellt die Analyse optimaler Verträge zwischen Kapitalgebern und Unternehmen dar.[145] Alternativ werden zwei Fälle betrachtet. Zum einen können potentielle Anleger ihr Kapital den Unternehmen selbst zur Verfügung stellen.[146] Zum anderen kann dies auch durch die Einschaltung eines Finanzintermediärs in die Beziehung geschehen.[147] In beiden Fällen werden bilaterale Schuldverträge abgeschlossen. Diese Vertragsgestaltung reduziert potentielle Anreize des Finanzintermediärs sowie sonstiger Kreditnehmer, gegen die Interessen der Kreditgeber zu handeln.[148]

Um die Risiken aus bestehender Informationsasymmetrie zu begrenzen, können einzelne Kreditgeber wie auch Finanzintermediäre die Kreditnehmer überwachen.[149] Für den Fall aber, daß die Gläubigerstruktur eines Unternehmens breit gestreut ist, ist es wegen *free rider*-Probleme und/oder aus Kostengründen aus Sicht der Gläubiger optimal, den Auftrag zur Überwachung der Unternehmenseigner an einen Finanzintermediär zu delegieren (*delegated monitoring*).[150] Die Möglichkeit, Skalenerträge (*economies of scale*) bei der Überwachung von Unternehmen erzielen zu können, begründet letztendlich die ökonomische Exi-

---

[144] Vgl. FAMA, E.F. (1985), S. 36-37.

[145] Es wird eine ähnliche Informationsstruktur wie in Townsends „*Costly State Verification Model*" unterstellt (vgl. TOWNSEND, R.M. (1979), S. 268-271), die Kreditgebern nicht erlaubt, die Ergebnisse der vom Kreditnehmer erwogenen Investitionsalternativen (unmittelbar) zu beobachten. Vgl. DIAMOND, D.W. (1984), S. 396.

[146] Vgl. DIAMOND, D.W. (1984), S. 395.

[147] Vgl. DIAMOND, D.W. (1984), S. 398.

[148] Vgl. DIAMOND, D.W. (1984), S. 402.

[149] Vgl. DIAMOND, D.W. (1984), S. 398.

[150] Vgl. DIAMOND, D.W. (1984), S. 394.

stenzberechtigung von Finanzintermediären. Eine Ökonomie mit Finanzintermediären ermöglicht auf Grund der Risikodiversifikation in den Kreditportefeuilles der Intermediäre eine Pareto-Verbesserung der Risiko- und Kapitalallokation im Vergleich zu einer Ökonomie ohne Finanzvermittler.[151] Laut
DIAMOND sind diese Erkenntnisse am meisten bei Banken und Versicherungsge-
sellschaften zutreffend.[152]

2.2.3.4. Modell von DIAMOND und DYBVIG

DIAMOND und DYBVIG (1983) untersuchen in ihrem Modell explizit Liquiditäts-
aspekte der Bankentätigkeit und die darin begründete Berechtigung regulativer
Eingriffe in den Bankensektor.

Den Ausgangspunkt ihrer Analyse bildet der Liquiditätsbedarf und die damit
verbundene Liquiditätsunsicherheit privater Investoren. Das private Liquiditätsrisiko, mit dem Wirtschaftssubjekte am *unvollkommenen* Kapitalmarkt individu-
ell konfrontiert werden, ist nicht unmittelbar beobachtbar und kann demzufolge
nicht direkt versichert werden. Somit entsteht die Notwendigkeit von finanziellen Institutionen (Finanzintermediären), die in der Lage sind, diesen Liquiditätsbedarf zu decken.[153] Dies geschieht, indem sie potentiellen Anlegern höhere
Flexibilität in Bezug auf die Verfügbarkeit von deponierten Finanzmitteln anbieten (*demand deposit contracts*).[154] Die Illiquidität von Finanztiteln begründet
somit die Existenzberechtigung von Banken als Liquiditätsbereitsteller.[155]

Unter Umständen könnte es jedoch zu Liquiditätsengpässen bei Banken kommen, da ihre Portefeuilles selbst Liquiditätsrisiken ausgesetzt sind. Dies hängt
damit zusammen, daß die Vermögenswerte einer Bank illiquide sind, also nur
unter Inkaufnahme von hohen Kosten vor Ablauf der geplanten Anlagedauer
liquidiert werden können. Angesichts dessen führt eine von einer Mehrheit der
Bankkunden gestellte Einlagerückforderung zu Liquidationskosten, die die

[151] Vgl. DIAMOND, D.W. (1984), S. 409.
[152] Vgl. DIAMOND, D.W. (1984), S. 410.
[153] Vgl. Diamond, D.W./ Dybvig, P.H. (1983), S. 403.
[154] Vgl. DIAMOND, D.W./ DYBVIG, P.H. (1983), S. 407-408.
[155] Vgl. Diamond, D.W./ Dybvig, P.H. (1983), S. 403.

Rückzahlungskapazität der Bank überschreiten und sich damit in sozialen Kosten niederschlagen können (*bank run*-Problematik).[156]

Vor diesem Hintergrund wird die Frage nach dem Regulierungsbedarf des Finanzsektors angesprochen. Es werden Möglichkeiten zur Vermeidung solcher Situationen, wie Suspension von Depositenkonvertibilität und staatliche Einlagensicherung, diskutiert.[157] Die Autoren kommen zu dem Schluß, daß staatliche Interventionen, wie eine Einlagensicherung, Finanzkrisen effektiver verhindern können als suspensive Klauseln in den Depositenverträgen.[158]

Zusammenfassend bleibt festzuhalten, daß Finanzintermediäre als solche in einer Wirtschaft vollkommener Kapitalmärkte keine Berücksichtigung finden. Wenn jedoch asymmetrische Information und opportunistisches Verhalten in Betracht gezogen werden, können sie den Finanzmärkten überlegen sein. Banken leisten als institutionelle Träger der Akkumulation und Distribution von Kapital in der Volkswirtschaft einen besonderen Beitrag zu einem hochentwickelten Wirtschaftssystem, da sie alle Intermediationsfunktionen vereinen. Ihre Tätigkeit impliziert jedoch auch Risiken, denen entgegengewirkt werden muß.

Bevor eine konkrete theoretische Analyse der Bedeutung der Banken für die Finanzierung und Kontrolle von Unternehmen vorgenommen wird, erscheint angemessen, die Ausprägungen ihres institutionellen Umfeldes auf gesamtwirtschaftlicher Ebene näher zu charakterisieren. Zu diesem Zweck wird im folgenden zunächst das Modell des Bankensystems in den Mittelpunkt der Betrachtung gestellt.

3. Modell des Bankensystems

Als Teil des Finanzsektors erfüllt das Bankensystem primär die zentrale Funktion eines Vehikels der Kapitalallokation in der Volkswirtschaft.[159]

---

[156] Vgl. Diamond, D.W./ Dybvig, P.H. (1983), S. 403.

[157] Vgl. DIAMOND, D.W./ DYBVIG, P.H. (1983), S. 410-416.

[158] Vgl. Diamond, D.W./ Dybvig, P.H. (1983), S. 416.

[159] Vgl. BÜSCHGEN, H.E. (1999), S. 170.

Nationale Bankensysteme zeigen sich in Hinblick auf die Ausprägungen der einzelnen Bankinstitutionen zwar sehr unterschiedlich. Gemeinsam ist jedoch eine Zweiteilung in *Geschäfts-* und *Notenbanken.*[160]

Hauptaufgabe der *Notenbanken* (noch *Zentralbanken* genannt) ist die Steuerung der volkswirtschaftlichen Geldmenge. Im Vordergrund ihrer Tätigkeit stehen Geschäftsbeziehungen mit der Regierung (dem Staat) und der Gesamtheit der Geschäftsbanken. Unternehmen (sowie private Haushalte) bleiben weitgehend außerhalb des Geschäftsfeldes der Zentralbank.[161] Somit besitzt eine Analyse der Zentralbankinstitution, abgesehen von ihren regulativen Funktionen, keine Relevanz für die vorliegende Arbeit.

Bezüglich des *Geschäftsbankensystems* lassen sich international markante Unterschiede feststellen. Eine stilisierte Betrachtung reduziert diese Differenzen auf das Niveau zweier grundlegender Modelle der Organisation des Geschäftsbankensystems: *Universal-* versus *Spezial-/ Trennbankensystem.* Beide Modelle sollen im folgenden näher erläutert und anschließend bzgl. Vor- und Nachteile untersucht werden.

3.1. Allgemeine Typologie der Bankensysteme

3.1.1. Universalbanken und Universalbankensystem

Das allgemeine theoretische Konstrukt eines *Universalbankensystems* zeichnet sich dadurch aus, daß bzgl. der Geschäftätigkeit der Banken in diesem System keine quantitativen, regionalen, kundengruppenbezogenen oder leistungsangebotsorientierten Beschränkungen existieren. Als etwas realitätsnäheres Abgrenzungskonzept kann die Anwendung der Bezeichnung *universal* vor allem auf das Leistungsangebot der Banken dienen. Mithin werden mögliche mengenmäßige, räumliche und kundenbezogene Beschränkungen nicht berücksichtigt.[162]

---

[160] Vgl. BÜSCHGEN, H.E. (1998a), S. 64.
[161] Vgl. BÜSCHGEN, H.E. (1998a), S. 64.
[162] Vgl. BÖRNER, C.J. (1999), S. 1895.

Als *Universalbank* kann dann jede Bank bezeichnet werden, die die ganze Palette an Finanzleistungen anbietet.[163]

Das Modell eines *reinen* Universalbankensystems wird durch die ausschließliche Existenz von Universalbanken gekennzeichnet.[164] In den real existierenden Universalbankensystemen ist die Existenz von spezialisierten Bankinstituten nicht ausgeschlossen; sie ist meistens in besseren Wettbewerbschancen begründet.[165] Die dominierende Begriffsinterpretation unterscheidet Universalbanken von anderen Banktypen grundsätzlich dadurch, daß Universalbanken das Einlagen- und Kreditgeschäft in Verbindung mit Emissions-, Kommissions-, Eigen- und Depotgeschäften betreiben.[166]

3.1.2. Spezialbanken und Spezial-/Trennbankensystem

Die Spezialisierung des Bankgeschäfts kann in drei Dimensionen erfolgen: Produktangebot, Kundenkreis und geographischer Markt.[167] In diesem Sinne kann als *Spezialbank* jene Bankinstitution bezeichnet werden, die durch weitgehende Beschränkung ihrer Tätigkeit bzgl. einer oder mehrerer der genannten Dimensionen von dem im Bankensystem vorherrschenden Banktypus abweicht.[168] Dieser Begriff ist somit nicht für das gesamte Bankensystem kennzeichnend.

Der dominierende Begriff der Spezialbank betrifft das getrennte Betreiben von Kredit- und Einlagengeschäft einerseits und Effektengeschäft andererseits. Er ist für das gesamte Bankensystem prägend.[169] Das *Spezialbankensystem* baut in diesem Sinne auf starke Aufgabenteilung und Spezialisierung aller Geschäftsbanken auf. Banken werden als *Commercial* bzw. *Deposit Banks* bezeichnet,

---

[163] Im allgemeinen werden dazu Intermediationsleistungen, Handel mit Finanzinstrumenten, Fremdwährungen und deren Derivaten, Makler- und Beratungsleistungen, Investitionsmanagement, Versicherungsleistungen, Beteiligungserwerb an nichtfinanziellen Unternehmen gerechnet. Vgl. HEFFERNAN, S. (1996), S. 27.

[164] Vgl. BÜSCHGEN, H.E. (1998a), S. 69.

[165] Vgl. HAHN, O. (1981), S. 79.

[166] Vgl. BÖRNER, C.J. (1999), S. 1895-1896. Die vier letzt aufgezählten Geschäftstypen sind Formen des sog. Effektengeschäftes. Vgl. hierzu BÜSCHGEN, H.E. (1998a), S. 69.

[167] Vgl. CANALS, J. (1997), S. 97-98.

[168] Vgl. CRAMER, J.E. U.A. (1999), S. 1772.

[169] Vgl. CRAMER, J.E. U.A. (1999), S. 1772.

wenn sich ihre Geschäftstätigkeit auf das Kredit- und Depositengeschäft beschränkt, ohne daß zugleich Überschneidungen mit jeglichen Formen des Effektengeschäfts existieren. Wenn Banken nur Effektengeschäft betreiben, spricht man von *Investment Banks* oder *Brokern*.[170]

Commercial Banks müssen als Finanzintermediäre i.e.S. verstanden werden, deren Leistungen in Konkurrenz zu den Leistungen der Finanzmärkte stehen.[171] *Investment Banks* hingegen unterstützen den Handel auf den Finanzmärkten und stellen somit den Marktteilnehmern ergänzende Leistungen zur Verfügung.[172] Investment Banks werden in manchen nationalen Bankensystemen dem eigentlichen Bankensektor nicht zugerechnet.[173]

Für die Entstehung von Spezialbanken sind grundsätzlich zwei Gründe zu nennen. Zum einen kann durch die Spezialisierung (wie bereits erwähnt) ein Wettbewerbsvorteil in einem *Universalbankensystem* erzielt werden. Zum anderen kann sie auf gesetzlich oder traditionell bedingter Arbeitsteilung beruhen.[174] Dann können die Leistungen, die Spezialbanken anbieten, als komplementär bezeichnet werden.[175]

Eine Separierung der Bankleistungen in verschiedenen Bankinstitutionen, die auf keiner gesetzlichen Vorgabe beruht, sondern aus tradierten Verhaltensmustern resultiert, kennzeichnet das Bankensystem als *Spezialbankensystem i.e.S.*. Andernfalls, wenn Regulierungsgründe für die institutionelle Trennung zwischen dem Einlagen- und Kreditgeschäft auf der einen Seite und allen Ausprägungen des Effektengeschäfts auf der anderen Seite vorliegen, wird das Bankensystem als *Trennbankensystem* bezeichnet.[176]

---

[170] Vgl. BÜSCHGEN, H.E. (1998a), S. 69.

[171] Vgl. Hartmann-Wendels, T. u.a. (1998), S. 18.

[172] Als solche können z.B. die Unterstützung des Handels von Finanzkontrakten, M&A-Leistungen und Vermögensverwaltung für Bankkunden genannt werden. Vgl. HARTMANN-WENDELS, T. U.A. (1998), S. 18-19.

[173] Vgl. Grill, W./ Gramlich, L./ Eller, R. (1995), S. 216.

[174] Vgl. HAHN, O. (1981), S. 79.

[175] Vgl. BÜSCHGEN, H.E. (1998a), S. 70.

[176] Vgl. CRAMER, J.E. U.A. (1999), S. 1772-1773.

3.2. Die Entscheidung: Universal- versus Trennbankensystem

Zentrales Problem bei der Diskussion alternativer Bankensysteme ist das Ausmaß, in dem sie zur Verwirklichung wirtschafts- und sozialpolitischer Ziele der Volkswirtschaft beitragen können.[177] Somit knüpft ein Vergleich vor allem an gesamtwirtschaftliche Überlegungen an,[178] die aber oft die enzelwirtschaftliche Ebene als Basis benutzen. Im folgenden sollen die dargestellten Modelle des Universal- und des Trennbankensystems anhand verschiedener Beurteilungskriterien verglichen und diesbezüglich ihre Vor- und Nachteile analysiert werden. Die Analyse soll Aufschluß über die Gründe geben, die in der Realität zur Wahl eines der beiden Modelle führen.

3.2.1. Stabilität des Bankensystems

Die Beurteilung der Stabilität eines Bankensystems setzt i.d.R. an der Krisenanfälligkeit einzelner Bankinstitute an.[179] Da Universalbanken auf Grund der Vielfalt ihrer Geschäfte über breite Diversifizierungsmöglichkeiten verfügen, sind sie in der Lage, einen effizienten Risiko- und schließlich Gewinn- und Verlustausgleich zwischen den einzelnen Geschäftsfeldern sowie über Konjunkturzyklen hinweg vorzunehmen.[180] Folglich stabilisiert sich ihre Ertragssituation. Konjunkturschwankungen beeinträchtigen daher die Funktionsfähigkeit von Universalbanken weniger als die von Spezialbanken.[181]

In Bezug auf die Stabilität der Universalbanken wird auch ihre bessere Anpassungs- und Reaktionsfähigkeit bzgl. innovativer Produktentwicklungen und sonstiger Marktveränderungen betont.[182] Sie verfügen z.B. über bessere Subventionsmöglichkeiten für innovative und nachfrageadäquate, jedoch zeitweise un-

---

[177] Vgl. BÜSCHGEN, H.E. (1998a), S. 76.

[178] Vgl. BÖRNER, C.J. (1999), S. 1897.

[179] Vgl. BÜSCHGEN, H.E. (1998a), S. 76.

[180] Vgl. BÖRNER, C.J. (1999), S. 1899; HARTMANN-WENDELS, T. U.A. (1998), S. 67

[181] Vgl. CANALS, J. (1997), S. 127.

[182] Vgl. HARTMANN-WENDELS, T. U.A. (1998), S. 66 sowie CANALS, J. (1997), S. 334.

rentable Bankleistungen.[183] Spezialbanken können auf Marktveränderungen u.U. nicht reagieren, insbes. wenn ihnen per Gesetz die Hände gebunden sind.

Jedoch wird gegen Universalbanken oft der Einwand vorgebracht, das sie große Risiken für die Systemstabilität induzieren können. Universalbanken sind i.d.R. wesentlich größer als Spezialbanken und unterhalten enge Beziehungen zu Nichtbank-Unternehmen.[184] Sie sind u.U. auch bereit, sich höhere Risiken aufzubürden als Spezialbanken, insbes. wenn im Bankensektor der Regel „*to big to fail*" gefolgt wird. [185] Der Zusammenbruch einer Universalbank kann somit die Störung des gesamten Bankensystems implizieren.[186]

Für das Trennbankensystem spricht in diesem Zusammenhang das Argument, daß Spezialisierung auf bestimmte Bankleistungen zu einer Begrenzung der für die Systemstabilität resultierenden Risiken beiträgt.[187] Die Anfälligkeit der Bankdepositen für die aus dem Investmentgeschäft resultierenden Risiken wird durch eine Trennung der Bankgeschäfte vermieden.[188]

Ferner ermöglicht der limitierte Umfang an Tätigkeiten, die Spezialbanken ausführen (dürfen), deren sorgfältige und effektive Überwachung durch die Aufsichtsinstanzen.[189] Liquidation bzw. Erhaltung einer Spezialbank ist, wegen ihrer i.d.R. kleineren Größe, mit geringen sozialen und finanziellen Kosten verbunden; anders als bei Universalbanken, die meistens Beziehungen zu einem breiten und zahlreichen Kundenkreis unterhalten und sehr stark auf Depositen zur Finanzierung ihrer Geschäfte angewiesen sind (*bank run*-Problematik).[190]

---

[183] Vgl. Hartmann-Wendels, T. u.a. (1998), S. 67.

[184] Je höher die (positive) Korrelation zwischen den einzelnen finanziellen Quellen einer Universalbank und je schlechter die Qualität ihrer Kredite und/oder ihrer Beteiligungen ist, desto höher ist das Risiko, das sich die Bank dadurch aufbürdet. Vgl. CANALS, J. (1997), S. 127.

[185] Da der Zusammenbruch einer *großen* Bank dem Finanzsystem enorme Schäden zufügen kann, werden die Regulierungsbehörden im Regelfall darum bemüht sein, einen solchen Zusammenbruch zu vermeiden (vgl. hierzu MISHKIN, F.S. (1997), S. 299-301). Dies kann i.d.R. von großen Banken als Anreiz empfunden werden, riskantere Geschäfte zu betreiben (vgl. BENSTON, G.J. (1994), S. 123).

[186] Vgl. BENSTON, G.J. (1994), S. 123.

[187] Vgl. CANALS, J. (1997), S. 127.

[188] Vgl. HARTMANN-WENDELS, T. U.A. (1998), S. 66 sowie BÖRNER, C.J. (1999), S. 1899.

[189] Vgl. BENSTON, G.J. (1994), 123.

[190] Vgl. CANALS, J. (1997), S. 127-128.

56

3.2.2. Allokationseffizienz

Bei der Beurteilung alternativer Bankensysteme wird auch ihr Beitrag zu einer effizienten Kapitalallokation in der Volkswirtschaft als Kriterium herangezogen. Auf Grund ihres i.d.R. dichten Zweigstellennetzes sind Universalbanken in der Lage, verschiedene Finanzierungsquellen und Investitionsalternativen möglichst vollständig zu erschließen und auszuschöpfen. Selbst kleinste Kapitalbeträge können aufgesammelt und angelegt werden. Das Kapital im Finanzsystem wird von Universalbanken im Vergleich zu Spezialbanken effizienter transformiert.[191]

Universalbanken verfügen i.a. auch über eine breitere Informationsbasis als Spezialbanken. Diese verschafft ihnen bessere Kenntnis ihrer Kunden(-Unternehmen). In Bezug auf eine effiziente Informationsverarbeitung sind Universalbanken den Spezialbanken überlegen.[192] Ineffizienzen, wie z.B. doppelte Kreditwürdigkeitsprüfungen, werden von Universalbanken vermieden.[193]

Eine effiziente Kapitalallokation erfordert Wettbewerb und Handlungsfreiheit.[194] Das Universalbankensystem fördert insbes. den Wettbewerb bei Emissionen, sofern alle Banken freien Marktzutritt haben.[195] Der Zugang zu günstigen Depositen, über den Commercial Banks i.d.R. verfügen, kann sich jedoch im Rahmen eines Universalbankensystems zu einem unfairen Wettbewerbsvorteil von Universalbanken gegenüber Investment Banks entwickeln.[196] Das Vereinen aller Bankleistungen unter dem Dach eines einzelnen Bankinstituts kann somit den unvermittelten Wertpapierhandel und/oder die Herausbildung eigenständiger Wertpapierbroker und –händler an den Finanzmärkten behindern.[197] Dies hängt damit zusammen, daß die Markteintrittsbarrieren für reine Investment Banks durch verschärften Wettbewerb seitens der Universalbanken erhöht werden.[198]

---

[191] Vgl. BÜSCHGEN, H.E. (1998a), S. 77 sowie BENSTON, G.J. (1994), S. 130.

[192] Vgl. BÖRNER, C.J. (1999), S. 1900.

[193] Vgl. Hartmann-Wendels, T. u.a. (1998), S. 67.

[194] Vgl. BÖRNER, C.J. (1999), S. 1901.

[195] Vgl. Hartmann-Wendels, T. u.a. (1998), S. 67 sowie Frankel, A.B./ Montgomery, J.D. (1991), S. 297.

[196] Vgl. Hartmann-Wendels, T. u.a. (1998), S. 66.

[197] Vgl. BENSTON, G.J. (1994), S. 127-128.

[198] Vgl. BÖRNER, C.J. (1999), S. 1899.

Selbst wenn Universalbanken von anderen Finanzintermediären Konkurrenz bekommen, können sie ihren Kunden, z.b. durch Bündelung der angebotenen Leistungen, (zu) wenig Wahlfreiheit einräumen (*tie-in sale*-Problematik).[199]

3.2.3. Sozialpolitische Effizienz

Dem Bankensystem fallen auch sozialpolitische Aufgaben wie Vermögensbildung i.a. und Bildung von Produktivvermögen i.e. zu. Die Überlegenheit der
Universalbanken in dieser Hinsicht wird damit begründet, daß sie in der Lage
sind, die Sparbereitschaft von Wirtschaftssubjekten in Bezug auf Beteiligungen
am Produktivvermögen der Wirtschaft (insbes. Wertpapiererwerb) effektiver als
Spezialbanken zu mobilisieren. Durch die Verknüpfung von Einlagen- und
Wertpapiergeschäft verfügen Universalbanken über ein erhebliches Lenkungs-
potential bzgl. der Anlage und der Allokation von Ersparnissen.[200]

3.2.4. Existenz interner Interessenkonflikte

Gegen die Verknüpfung von Kredit- und Einlagengeschäft und Wertpapiergeschäft wird oft der Einwand vorgebracht, daß sie Interessenkonflikte impliziert,
die die Bankkunden benachteiligen. Die Vorwürfe betreffen die Möglichkeit,
daß eine Universalbank die i.d.R. geringe Kritikfähigkeit bzw. Verhandlungs-
macht ihrer Kunden eigennützig ausnutzt. Privatkunden könnte z.B. eine Einlage
statt einer nachfrageadäquateren Wertpapierinvestition empfohlen werden. Unternehmen könnte die Bank in Richtung Kreditaufnahme statt Wertpapieremission beraten. Somit kann immer das für die Bank rentablere Geschäft vor-
gezogen werden.[201]

Des weiteren werden oft Interessenkonflikte vorgebracht, die dadurch bedingt
sind, daß Informationen aus dem Commercial- und dem Investmentbereich einer

---

[199] Vgl. BENSTON, G.J. (1994), S. 136-137. Das *tie-in sale*-Phänomen kann gerade dann sehr
stark ausgeprägt sein, wenn ein Bankkunde in sehr hohem Ausmaß gegenüber einer Universalbank verschuldet ist. Vgl. CANALS, J. (1997), S. 129.

[200] Vgl. BÜSCHGEN, H.E. (1998a), S. 77-78.

[201] Vgl. hierzu BÖRNER, C.J. (1999), S. 1900-1901.

Universalbank verknüpfbar sind und für das Eigengeschäft eines der beiden Geschäftsbereiche mißbraucht werden könnten.[202]

Separation und Wettbewerb zwischen Commercial und Investment Banking im Trennbankensystem löst implizit potentielle Interessenkonflikte, die zwischen den beiden Geschäftsbereichen einer Universalbank oder zwischen der Bank und ihren Kunden entstehen können.[203]

3.2.5. Einflußmöglichkeiten der Banken

Die Diskussion alternativer Bankensysteme ruft die Frage nach dem Einflußpotential der Banken außerhalb des Finanzsektors immer wieder ins Leben. Obwohl diese Thematik unabhängig von der Ausgestaltung des Bankensystems an anderer Stelle detailliert betrachtet werden soll, werden im folgenden einige wichtige Aspekte herausgegriffen.

Durch den Einsatz interner Mechanismen zur Überwachung und Disziplinierung von Managern leisten Universalbanken unter normalen Umständen einen bedeutenden Beitrag zur Lösung von *agency*-Problemen in (nichtfinanziellen) Unternehmen.[204] Ihr Einflußpotential resultiert grundsätzlich aus direkten Beteiligungen an diesen Unternehmen, eigener Präsenz in deren Kontrollgremien und Ausübung von Vollmachtsstimmrechten im Auftrag von Aktionären.[205]

Ferner können Universalbanken durch die Bereitstellung eines Mix aus Eigen- und Fremdkapitalmitteln eine aktivere Rolle bei der Handhabung notleidender Unternehmen übernehmen als Spezialbanken.[206]

Eine Aggregation der Einflußmöglichkeiten von Universalbanken kann jedoch zur Machtausübung und Manipulation der Unternehmenspolitik in bankeigenem Sinne ausgenutzt werden.[207]

---

[202] Vgl. hierzu CANALS, J. (1997), S. 130.
[203] Vgl. Hartmann-Wendels, T. u.a. (1998), S. 66.
[204] Vgl. BENSTON, G.J. (1994), S. 129.
[205] Vgl. BÖRNER, C.J. (1999), S. 1902.
[206] Vgl. BENSTON, G.J. (1994), S. 129.
[207] Vgl. BENSTON, G.J. (1994), S. 134 sowie BÖRNER, C.J. (1999), S. 1902.

Im Resümee gilt festzuhalten, daß eine eindeutige Entscheidung für das eine oder das andere Modell des Bankensystems auf Grund der oben angeführten Argumente nicht zu treffen ist. Somit sind in der Realität existierende Vorlieben für einen bestimmten Systemtypus nur mit Kenntnis der spezifischen Besonderheiten einer Volkswirtschaft zu erklären. Dabei gilt es anzumerken, daß die Wahl des Modells des Bankensystems nicht die einzige Einwirkungsmöglichkeit ist, um die Funktionsfähigkeit und die Stabilität des Bankensystems sicherzustellen. In allen Bankensystemen existieren komplexe Regulierungsmechanismen, die dafür sorgen. Im folgenden soll die theoretische Fundierung der Bankenregulierung vertieft aufgegriffen werden.

4. (Staatliche) Regulierung des Bankensektors

Das regulative Umfeld des Bankensektors beeinflußt dessen Funktionsfähigkeit und Stabilität. Potentielle Schwächen bzw. Stärken eines Bankensystems können durch geeignete Regulierungsmaßnahmen in erheblichem Ausmaß abgemildert bzw. verstärkt werden.[208]

Unter Regulierung ist i.a. die Auferlegung von wirtschaftlichen Kontrollen durch den Staat auf meist privatwirtschaftlich organisierte Geschäfte zu verstehen.[209] Der Staat ist in diesem Bezug ein Sammelbegriff für alle Regulierungsbehörden, die bei einem föderativen Staatsaufbau jeweils auf Bundes-, Landes- und regionaler Ebene operieren. Dies bestimmt den komplexen Charakter der Regulierung als Mechanismus, der seine tiefe ökonomische Begründung hat. Aus ökonomischer Sicht wird dadurch das Ziel wirtschaftlicher Effizienzsteigerung verfolgt.[210]

---

[208] Vgl. Hartmann-Wendels, T. u.a. (1998), S. 66.
[209] Der Begriff der Deregulierung beinhaltet hingegen die Aufhebung oder Auflockerung der Kontrollmaßnahmen und Kontrollvorschriften. Zu den beiden Definitionen vgl. KEELER, T.E./ FOREMAN, S.E. (1998), S. 213.
[210] Vgl. Keeler, T.E./ Foreman, S.E. (1998), S. 213.

4.1. Regulierungsgründe

Der Bankensektor wird in allen (entwickelten) Volkswirtschaften als Objekt spezieller Regulierungsmaßnahmen angesehen.[211] Als Rechtfertigung für die höchste Regulierungsdichte, die das Bankensystem im Vergleich zu anderen Wirtschaftssektoren aufweist,[212] wird oft die breit akzeptierte Auffassung genannt, daß es eine besondere Stellung in der Volkswirtschaft einnimmt. Instabilitäten im Bankensektor können durch Störung der Finanzintermediation, der Geldtransmission und der Liquiditätsversorgung der Wirtschaft zu einer Gefährdung der Funktionsfähigkeit des gesamten Finanzsystems führen und demzufolge Ineffizienzen in der Ressourcenallokation verursachen.[213]

Der Zweckmäßigkeit der Bankenregulierung liegen die im folgenden angeführten Argumente zugrunde. Bei den Ausführungen wird von geldmengenpolitischen, redistributiven sowie politökonomischen Aspekten der Bankenregulierung abgesehen.[214]

4.1.1. Gläubigerschutz

Die Sicherstellung der Zahlungsfähigkeit der Finanzinstitutionen im Sinne des Schutzes ihrer Gläubiger wird als Primärzweck der Regulierung bezeichnet.[215] Auslöser regulativer Anstrengungen kann zum einen der Wunsch wohlbedachter Wirtschaftssubjekte bzgl. des Schutzes ihrer Interessen sein. Zum anderen besteht auch die Notwendigkeit der Prävention wirtschaftlicher Bedrängnis von Wirtschaftssubjekten, die mit potentiellen Risiken abgeschlossener finanzieller Verträge wenig vertraut sind.[216]

Investoren bzw. Einleger sind i.d.R. schlechter informiert und in finanzieller Hinsicht schlechter gestellt als Banken.[217] Insbesondere Kleininvestoren (Klein-

---

[211] Vgl. HEFFERNAN, S. (1996), S. 217.

[212] Vgl. WENGER, E./ KASERER, C. (1999), S. 166 sowie WEBER, M. (1995), S. 198.

[213] Vgl. HEFFERNAN, S. (1996), S. 218; WENGER, E./ KASERER, C. (1999), S. 166.

[214] Dazu siehe z.B. JACKSON, H.E. (1998), S. 233; HUBBARD, R.G. (1997), S. 53; WENGER, E./ KASERER, C. (1999), S. 166-167.

[215] Vgl. JACKSON, H.E. (1998), S. 233.

[216] Vgl. JACKSON, H.E. (1998), S. 233.

[217] Vgl. SCHOENMAKER, D. (1993), S. 96.

sparer) könnten die zur Beurteilung der Zuverlässigkeit einer Finanzanlage (eines Finanzinstituts) erforderlichen Informationen nur mit Hinnahme prohibitiv hoher Kosten beschaffen.[218] Die Regulierung soll deshalb die kostengünstige Verfügbarkeit dieser Informationen[219] und somit den Schutz der Einleger vor einer Verletzung ihrer Interessen infolge asymmetrischer Informationsverteilung gewährleisten.[220]

4.1.2. Sicherung der Systemstabilität

Eine weitere Zielsetzung der Regulierung des Bankensektors ist die Gewährleistung der Stabilität des Finanzsystems.[221/222] Dabei ist unter Systemstabilität die Aufrechterhaltung der Funktionsfähigkeit der Finanzinstitutionen im Falle punktueller Störungen im Finanzsystem zu verstehen.[223]

Das Bankensystem ist nach allgemeiner Auffassung einem erhöhten Systemrisiko ausgesetzt.[224] Dieses Risiko ist die Wahrscheinlichkeit dafür, daß sich Störungen in einem Bankinstitut über das gesamte Bankensystem ausbreiten.[225] Treten solche Störungen im Bankensektor auf, so können diese in zahlreichen *bank runs* und sogar im Zusammenbruch des gesamten Finanzsystems resultieren.[226] Als Folge können zum einen hohe private Kosten entstehen, die von Investoren, Einlegern und Angestellten der einzelnen zusammengebrochenen Institute getragen werden. Zum anderen impliziert ein Zusammenbruch der Inter-

---

[218] Vgl. HUBBARD, R.G. (1997), S. 52.

[219] Vgl. HUBBARD, R.G. (1997), S. 52.

[220] Vgl. SCHOENMAKER, D. (1993), S. 96.

[221] Vgl. HUBBARD, R.G. (1997), S. 52; JACKSON, H.E. (1998), S. 233.

[222] Zu einer kritischen Betrachtung der These von der inhärenten Instabilität der Kreditwirtschaft siehe WENGER, E./ KASERER, C. (1999), 167-168.

[223] Vgl. HUBBARD, R.G. (1997), S. 52.

[224] Vgl. WENGER, E./ KASERER, C. (1999), S. 167; HEFFERNAN, S. (1996), S. 218.

[225] Vgl. HEFFERNAN, S. (1996), S. 218. Dieser Kettenreaktion liegt das sog. *sunspot*-Phänomen zugrunde, bei dem auch rechnerisch gesunde Institutionen von der Krise betroffen werden. Vgl. hierzu WEGENER, E./ KASERER, C. (1999), S.168.

[226] Vgl. HEFFERNAN, S. (1996), S. 218.

mediations- und Zahlungsmechanismen auch soziale Kosten, die die Volkswirtschaft als Ganze zu tragen hat.[227]

Da potentielle Verluste, die infolge von Bankkrisen bei Einlegern oder in anderen Wirtschaftssektoren entstehen können, nicht ohne weiteres in das Kostenkalkül einzelner Banken eingehen, soll die Regulierung Banken dazu bewegen, diesen (für sie) externen Kosten Rechnung zu tragen.[228]

4.1.3. Vorbeugung unerwünschter Konzentrationstendenzen

Ein weiterer Grund für die Bankenregulierung besteht in der Notwendigkeit des Schutzes des Wettbewerbs im Finanzsektor vor unerwünschten Konzentrationstendenzen.[229] Eine Beschränkung des Wettbewerbs impliziert diskretionäre Spielräume für Kreditinstitute, die große Marktanteile besitzen. Diese können eigennützig ausgenutzt werden. Durch Regulierung soll größeren Einheiten die Möglichkeit entzogen werden, immer mehr Marktmacht (z.B. durch Übernahme von kleineren Einheiten[230]) an sich zu reißen und dadurch Monopolstellung im Finanzbereich zu erlangen.[231] Zu diesem Zweck werden Banken oft Restriktionen bzgl. deren Marktanteil und/oder strenge Kontrollen bei Transaktionen mit angegliederten Einheiten auferlegt.[232]

Im folgenden werden vier Konzepte präsentiert, die am häufigsten zur Regulierung des Bankensystems eingesetzt werden. Dabei soll kurz auf die Zweckmäßigkeit der Regulierungsformen eingegangen werden.

---

[227] Vgl. HUBBARD, R.G. (1997), S. 52; JACKSON, H.E. (1998), S. 233. HEFFERNAN geht in ihren Überlegungen noch weiter und sieht in einem eventuellen Zusammenbruch des Finanzsystems die Gefahr einer Rückkehr zur Tauschwirtschaft. Vgl. hierzu HEFFERNAN, S. (1996), S. 218.

[228] Vgl. HEFFERNAN, S. (1996), S. 218-219.

[229] Vgl. WENGER, E./ KASERER, C. (1999), S. 166.

[230] Die Möglichkeit dazu ist dadurch bedingt, daß größere Einheiten einfacher Verbund- und Skalenvorteile als kleinere erzielen können. Vgl. WENGER, E./ KASERER, C. (1999), S. 166.

[231] Vgl. JACKSON, H.E. (1998), S. 233.

[232] Vgl. JACKSON, H.E. (1998), S. 233.

4.2. Formen der Regulierung

4.2.1. Kreditgeber der letzten Hand (*lender of last resort*)

Als *lender of last resort* wird gesamtwirtschaftlich jene Institution bezeichnet, die über ausreichend finanzielle Mittel verfügt, auf die die Geschäftsbanken in Zeiten finanzieller Schwierigkeiten zum regelrechten Nachkommen ihrer Zahlungsverpflichtungen zurückgreifen können.[233] In dieser Hinsicht haben die Maßnahmen protektiven Charakter und zielen indirekt auf die Sicherstellung des Vertrauens der Einleger bzgl. der Sicherheit ihrer Depositen ab.

Zweck dieses Regulierungsmechanismus ist die Bewältigung aufgetretener Liquiditätsprobleme einzelner Bankinstitute sowie die Verhinderung einer Ausbreitung der Instabilitäten über weitere Einheiten.[234] Zahlungsfähige Banken erhalten Überbrückungskredite und müssen als Sicherheit gute, jedoch illiquide Bankaktiva (Forderungen aus vergebenen Krediten) hinterlegen. Zahlungsunfähige Banken erhalten die Erlaubnis, Konkursverfahren einzuleiten.[235]

4.2.2. Einlagensicherung

Die Versicherung von Bankdepositen hat das Ziel, den unmittelbaren Schutz der Einleger für den Fall zu garantieren, daß ihre Depositenbank zusammenbricht.[236] Ähnlich wie beim Konzept des *lender of last resort*, läßt sich auch durch die Einführung einer Einlagensicherung eine Reduktion der Informationskosten erzielen, die die Einleger zur Beurteilung der Zuverlässigkeit eines Bankinstituts aufbringen müßten.[237]

Um die Bankdepositen glaubwürdig versichern zu können, erfordert es ausreichend finanzielle Mittel, die die große Nachfrage im Falle eines Massenabzuges

---

[233] Vgl. HUBBARD, R.G. (1997), S. 350. I.d.R. wird diese Rolle von der Zentralbank übernommen.
[234] Vgl. SCHOENMAKER, D. (1993), S. 97.
[235] Vgl. HUBBARD, R.G. (1997), S. 350.
[236] Vgl. SCHOENMAKER, D. (1993), S. 97.
[237] Vgl. HUBBARD, R.G. (1997), S. 351.

von Einlagen abdecken könnten.[238] Dies ist der erste von zwei Gründen dafür, daß eine Einlagensicherung i.d.R. vom Staat angeboten wird. Er verfügt als einziger über die Steuer- und Geldausgabehoheit in einer Volkswirtschaft.[239] Dies garantiert dem Staat ausreichende finanzielle Quellen und macht eine staatliche Einlagensicherung hinreichend glaubwürdig.[240]

Der zweite Grund betrifft den Zugang zu bankinternen Informationen, die die Versicherungsinstanz zur Erfüllung ihrer Aufgabe benötigt. Banken werden einen freien Zugang zu solchen Informationen generell nur einer Instanz erlauben, die sich durch eine starke Präsenz des öffentlichen Sektors auszeichnet. Auch in dieser Hinsicht erfüllt der Staat am besten die gestellten Anforderungen.[241]

4.2.3. Bankenaufsicht

Der Grund für die Regulierung durch Bankenaufsicht besteht im Informationsvorsprung, den Banken gegenüber Einlegern bzgl. der Qualität der eigenen Kreditportefeuilles besitzen. Die Existenz von Einlagensicherung verringert bzw. eliminiert für die Einleger den Anreiz, die Bankaktivitäten zu überwachen. Andererseits haben Banken einen größeren Anreiz, riskante Kredite zu vergeben und risikobehaftete Investitionen zu tätigen, wenn die Depositen, die sie verwahren und verwalten, versichert sind.[242] Die Bankenaufsicht kennzeichnet sich in Hinblick auf ihre Wirkung als präventive Maßnahme, die darauf abzielt, potentielles Fehlverhalten der Banken vorzubeugen.[243]

Zur Erfüllung der Aufgabe der Bankenaufsicht wird i.d.R. eine einzelne Institution autorisiert. Grund dafür ist, daß dadurch Verbundvorteile bei der Beschaffung der zur Aufsicht notwendigen Informationen erzielt werden können.[244]

---

[238] Vgl. HUBBARD, R.G. (1997), S. 351. Eine teilweise Versicherung der Einlagen könnte zum Versagen dieses Regulierungsmechanismus bzgl. der Sicherung der Systemstabilität führen. Vgl. hierzu GOODHART, C.A.E. (1993), S. 91.
[239] Vgl. Diamond, D.W./ Dybvig, P.H. (1983), S. 413.
[240] Vgl. Diamond, D.W./ Dybvig, P.H. (1983), S. 416.
[241] Vgl. GOODHART, C.A.E. (1993), S. 85.
[242] Vgl. HUBBARD, R.G. (1997), S. 353.
[243] Vgl. SCHOENMAKER, D. (1993), S. 97.
[244] Vgl. SCHOENMAKER, D. (1993), S. 97.

Das bankenaufsichtliche Instrumentarium umfaßt Offenlegungspflichten (ergänzt durch Vor-Ort-Kontrollen), Untergrenzen für Kapitalunterlegung risikobehafteter Bankaktiva, Portefeuillerestriktionen, Diversifikationspflichten und allgemeine Vorschriften für die Unternehmensführung.[245]

4.2.4. Begrenzung der Wettbewerbsintensität im Bankensektor

Der Nutzen eines intensiven Wettbewerbs im Bankensektor wird oft kritisch beurteilt. Negative Bedenken werden hauptsächlich darüber geäußert, daß verschärfte Konkurrenz im Bankenbereich die Qualität der von Banken finanzierten Investitionsprojekte verschlechtert[246] und dadurch das Risiko der Bankenportefeuilles erhöht.[247] Angesichts dessen gibt es grundsätzlich zwei Möglichkeiten, die Wettbewerbsintensität im Bankensystem in Grenzen zu halten: *geographische* und *leistungsbezogene* Beschränkungen der Bankentätigkeit.[248]

Durch die Einführung *geographischer* Restriktionen bzgl. der Geschäftstätigkeit der Banken, wird ihnen die Möglichkeit entzogen, außerhalb bestimmter territorialer Grenzen Zweigstellen zu errichten und dort tätig zu sein. Durch die Konzentration der Bankaktivitäten in einer bestimmten Region wird außerdem erwartet, daß die Kosten der Bankleistungen für die einzelnen Institute geringer werden.[249]

Die Grundidee einer *leistungsbezogenen* Beschränkung der Bankentätigkeit besteht darin, Machtkonzentration innerhalb und Monopolisierung von Schlüsselindustrien durch Begrenzung von Umfang und Spektrum der Bankleistungen zu verhindern.[250]

Als Fazit gilt festzuhalten, daß Zweck der Regulierung des Bankensektors vor allem die Einschränkung des diskretionären Spielraums von Banken und die Be-

---

[245] Als zusätzliche Regulierungsmaßnahmen kommen Genehmigungsregelungen in Betracht, welche die Zustimmung der Regulierungsbehörden erfordern; diese betreffen die Gründung neuer Finanzinstituten oder den Erwerb von Kontrollrechten in bereits existierenden. Vgl. JACKSON, H.E. (1998), S. 233.

[246] Vgl. RIORDAN, M.H. (1993), S. 340.

[247] Vgl. BESANKO, D./ THAKOR, A.V. (1993), S. 314-315.

[248] Vgl. HUBBARD, R.G. (1997), S. 354.

[249] Vgl. HUBBARD, R.G. (1997), S. 355.

[250] Vgl. HUBBARD, R.G. (1997), S. 358.

grenzung der aus ihrem potentiellen Fehlverhalten für das Finanzsystem resultierenden Risiken sind. Dies sind unabdingbare Prämissen dafür, daß Banken ihren fundamentalen Aufgaben als Finanzier der Volkswirtschaft und als Mittel zur Lösung von Kontrollproblemen im Nichtbanken-Sektor gerecht werden.

5. Bedeutung der Banken für die Unternehmensfinanzierung und Einflußmöglichkeiten auf Corporate Governance

Die ursprüngliche Bedeutung der Banken als Liquiditätsbereitsteller hat dazu geführt, daß sie letztendlich in fast allen Bereichen der Wirtschaft an wichtigen finanziellen Entscheidungen beteiligt sind. Nicht selten müssen Banken, insbes. in finanziell kritischen Situationen, unternehmerische Mitverantwortung für ihre Kundenunternehmen tragen.[251]

Diese Rolle der Banken, die zugleich Einflußpotentiale impliziert, kann zusätzlich neben dem Kreditgeschäft durch Anteilsbesitz, Vollmachtsstimmrechte und Präsenz in den Kontrollgremien von Nichtbank-Unternehmen ergänzt werden. Neben ihrer Finanzexpertise erhalten Banken dadurch weitere umfassende Informationsquellen über interne Unternehmensvorgänge. Diese garantieren ihnen einen wichtigen Informationsvorteil gegenüber anderen Wirtschaftsbereichen.[252] Das daraus resultierende Kontroll- und Durchsetzungspotential von Banken soll im folgenden analysiert werden.

5.1. Banken als Kreditgeber

Durch die Kreditvergabe an Unternehmen übernimmt eine Bank die Rolle des Fremdkapitalgebers. Sie erwirbt dadurch den Anspruch auf Rückzahlung des Nominalwertes der vergebenen Kreditbeträge. Der Gläubigerstatus macht ihre Ansprüche vom Unternehmenserfolg unabhängig. Dasselbe gilt auch für anfallende Zinszahlungen, die von einem Unternehmen an seine kreditgebende Bank geleistet werden müssen. Trotz dieses Sachverhalts sind Bankkredite Ausfallrisiken ausgesetzt.[253]

---

[251] Vgl. LAMBSDORFF, O.G. (1988), S. 56.
[252] Vgl. LAMBSDORFF, O.G. (1988), S. 56.
[253] Vgl. Schmidt, R.H./ Terberger, E. (1996), S. 21-22.

Obwohl Banken als Fremdkapitalgeber i.d.R. keine Befugnis erhalten, sich in die Unternehmensführung einzumischen,[254] stehen ihnen Überwachungs- und Kontrollmechanismen zur Verfügung, mit deren Hilfe sie das Risiko ihrer Ansprüche in Grenzen halten können. Diese zeichnen sich auch für Unternehmen durch eine besondere Relevanz aus.

5.1.1. Einschränkende Vertragsklauseln *(restrictive covenants)*

Bereits vor Bereitstellung eines Kredites verschafft sich die kreditgebende Bank einen umfassenden Einblick in die tatsächliche wirtschaftliche Situation des kreditnehmenden Unternehmens.[255] Bereits in Kenntnis der Unternehmenslage kann sie durch Bindung der Kreditvergabe an bestimmte Voraussetzungen bzgl. des Verhaltens des Schuldner-Unternehmens und/oder durch Vorbehalt der Möglichkeit, bei einem vertragsunkonformen Verhalten die Kredite zu kündigen, einen zwar indirekten, jedoch wesentlichen Einfluß auf spätere Investitionsentscheidungen des Unternehmens ausüben.[256]

Des weiteren lassen sich auch vertragliche Vereinbarungen treffen, die potentielle Risiken aus der Unternehmenstätigkeit für die Bank überschaubar machen. Solche Vertragsklauseln erlauben die Erwägung größerer Investitionsprojekte, weitere Verschuldung des Unternehmens gegenüber anderen Kreditgebern oder wesentliche Änderungen an der Unternehmensspitze nur mit Zustimmung der kreditgebenden Bank.[257] Solche Maßnahmen sind grundsätzlich bei Unternehmen von Bedeutung, deren Geschäftssituation finanzielle Schwierigkeiten aufweist.[258] Auf diese Weise läßt sich die Rentabilität der Unternehmensinvestitionen steigern, da die kreditgebende Bank nur hoch rentable Projekte finanzieren wird.[259]

---

[254] Vgl. Schmidt, R.H./ Terberger, E. (1996), S. 22.

[255] Dazu werden Informationen aus früheren Jahresabschlüssen und dem bisherigen Zahlungsverkehr der Unternehmen benutzt. Vgl. FISCHER, K. (1990), S. 77.

[256] Vgl. SEGER, F. (1997), S. 110.

[257] Vgl. SÜCHTING, J. (1992), S. 256.

[258] Vgl. ROGGENBUCK, H.E. (1992), S. 310.

[259] Vgl. VON THADDEN, E.-L. (1995), S. 569-570.

68

5.1.2. Monitoring-Funktion der Banken

In Hinblick auf die Möglichkeit den Zeithorizont der Unternehmensinvestitionen
durch Bankkredite zu verlängern, wird die Rolle der Banken als *(delegated) mo-
nitors* von Unternehmen betont.[260] Die Kosten der Überwachung eines Kredit-
nehmer-Unternehmens können für einzelne Gläubiger, insbes. bei breit gestreu-
ter Kreditgeberstruktur, sehr hoch sein. Infolgedessen wird eine erforderliche
Kontrolle des Unternehmens seitens der Gläubiger häufig unterlassen, da der
damit verbundene Nutzen im Verhältnis zu den daraus resultierenden Kosten
sehr gering ist.[261]

Als Möglichkeit, das Risiko aus eventuellem *moral hazard*-Verhalten des Kre-
ditnehmers in gewissen Grenzen zu halten, bietet sich die Alternative einer kurzfristigen Kreditvergabe an. Kurzfristiges Fremdkapital ist jedoch mit Kosten
verbunden. Sie bestehen darin, daß vorteilhafte langfristige Projekte unterlassen
oder vorzeitig abgebrochen werden, z.b. weil sie anfangs (kurzfristige) Verluste
aufweisen.[262]

Eine effektive Überwachung der Unternehmensführung durch eine Bank kann
die Informationsasymmetrie und somit den Grund für kurzfristige Kredite besei-
tigen und die Wahl langfristiger Projekte für das Unternehmen ermöglichen.[263] Aus
eventuellen Anfangsverlusten wird nicht mehr auf schlechte Qualität der vorge-
nommenen Investitionen bzw. der Unternehmensführung geschlossen.[264]

5.1.3. Bedeutung der Hausbankbeziehung

Die finanzielle Sicherheit, zugleich aber auch die Beeinflußbarkeit eines Unternehmens, kann durch den Aufbau *langfristiger* Bank-Unternehmen-Beziehungen wesentlich verstärkt werden. Solche Beziehungen erlauben es dem Unternehmen, aufbauend auf der *monitoring*-Funktion der Banken, den Zeithorizont
seiner Investitionsvorhaben *zusätzlich* zu verlängern. Es wird die Erwägung von

---

[260] Vgl. hierzu VON THADDEN, E.-L. (1995).
[261] Vgl. DIAMOND, D.W. (1984), S. 394.
[262] Vgl. hierzu VON THADDEN, E.-L. (1995), S. 559.
[263] Vgl. hierzu VON THADDEN, E.-L. (1995), S. 559.
[264] Vgl. VON THADDEN, E.-L. (1995), S. 568.

langfristigen Investitionsalternativen möglich, die zwar einen positiven Kapitalwert aufweisen, jedoch mit Anfangsverlusten verbunden sind, die das Unternehmen allein nicht tragen kann.[265]

Intensivierung und dauerhafter Bestand der Bindung eines Unternehmens an eine Bank kann zur Herausbildung einer *Hausbankbeziehung* führen.[266] Sie zeichnet sich durch wechselseitiges Vertrauen aus und kann auch als präventive Maßnahme zur Sicherung des Fortbestandes des Unternehmens in Krisensituationen angesehen werden. Die Hausbank übernimmt dann für das Unternehmen die Rolle des Kreditgebers der letzten Hand, die von anderen gelegentlichen Kreditgebern nicht gerne (wenn überhaupt) übernommen wird.[267] Das liegt nicht zuletzt daran, daß die Hausbank stärker als andere Gläubiger an der Unternehmensentwicklung interessiert ist und verglichen mit anderen Kreditgebern oder Institutionen (Märkten) den Status eines *inside monitor* besitzt; sie ist in Bezug auf Zugang zu vertraulichen Unternehmensinformationen privilegiert und kann deshalb bessere Urteile über die Qualität der Unternehmensführung fällen als ein *outside monitor*.[268] Daher könnte Banküberwachung in Hinblick auf die Unternehmenskontrolle effizienter wirken als z.B. ein Markt für *corporate control*.[269]

5.1.4. Rolle der kreditgebenden Bank bei Unternehmensrestrukturierungen

Kreditverträge werden als besonders geeignet angesehen, bei der Restrukturierung notleidender Unternehmen einen Transfer von Kontrollrechten vom Eigner (Kreditnehmer) auf den Fremdkapitalgeber (Bank) zu ermöglichen.[270] Da eine langfristige Bankfinanzierung i.d.R. mit hoher Konzentration der Kapital-

---

[265] Vgl. hierzu FISCHER, K. (1990), S. 45-46.
[266] Vgl. SEGER, F. (1997), S. 119.
[267] Vgl. TERRAHE, J. (1988), S. 159.
[268] Der Status der Bank als *inside monitor* hängt mit der im Modell von FAMA (1985) diskutierten Eigenschaft der Bankkredite als *inside debt* zusammen.
[269] Vgl. SEGER, F. (1997), S. 126. Es besteht keine Garantie dafür, daß der Markt die Fähigkeiten des amtierenden Managements wahrhaft widerspiegelt sowie daß das neue Management Ziele verfolgen wird, die im Sinne der Kapitalgeber sind. Vgl. hierzu SCHMIDT, R.H./ TERBERGER, E. (1996), S. 467.
[270] Vgl. GILSON, S.C. (1990) sowie MAJEWSKI, J.R. (1996), S. 95.

geberstruktur eines Unternehmens verbunden ist,[271] wird es auch in Krisensituationen möglich, einen stärkeren Kontrolleinfluß auf die Unternehmensführung auszuüben.

Die aktive Rolle der Banken bei der Restrukturierung notleidender Unternehmen kann über die finanziellen Maßnahmen zur Umschuldung eines Unternehmens und die Bereitstellung zusätzlicher Kredite zur Überbrückung der Krisensituation hinausgehen und sich auch in nichtfinanziellen Maßnahmen beschließen,[272] für die die Sanierungsexpertise von Banken gefragt ist.[273] Dazu zählen i.a. Moderator- und Koordinatorleistungen, Vermittlung wirtschaftlicher Kontakte sowie eigene Beratungsleistungen zur Krisenbewältigung.[274] Der Einfluß von Banken auf Verlauf und Dauer des Prozesses der Krisenbewältigung wird durch die nichtfinanziellen Leistungen in erheblichem Ausmaß verstärkt.[275]

Für eine effektive Intervention der Banken im Bereich der Corporate Governance wird zum einen die Möglichkeit vorausgesetzt, Informationsverzerrungen und damit verbundene Ungewißheit in der Beziehung Kreditgeber-Kreditnehmer abzubauen. Zum anderen erfordert ein solches Engagement die Bereitschaft der Banken, die daraus resultierenden Risiken zu tragen. Dazu werden umfangreiche Informations-, Kontroll- und insbes. Mitspracherechte der Banken benötigt.[276] Ferner hängt der Umfang, in dem Banken durch die Kreditbeziehung die Unternehmensführung und -entwicklung beeinflussen können, nicht zuletzt auch davon ab, über welche anderen Finanzierungsalternativen ein Unternehmen verfügt und inwieweit es von den angebotenen Bankleistungen Gebrauch macht.[277]

---

[271] Dem Entstehungsmechanismus einer dauerhaften Bank-Unternehmen-Beziehung liegt der Wettbewerbsvorteil des Erstkreditgebers zugrunde. Dieser ist auf den Zugang zu unternehmensinternen Informationen zurückzuführen, die für andere potentielle Kreditgeber nicht verfügbar sind. Eine Abwanderung des Unternehmens zu anderen Kreditgebern wird dadurch verhindert und die Konzentration der Kreditgeberstruktur hoch gehalten. Vgl. FISCHER, K. (1990), S. 27- 28.

[272] Vgl. LÜTHY, M. (1988), S. 300.

[273] Vgl. LÜTHY, M. (1988), S. 306.

[274] Vgl. LÜTHY, M. (1988), S. 349.

[275] Vgl. LÜTHY, M. (1988), S. 300.

[276] Vgl. MAJEWSKI, J.R. (1996), S. 96.

[277] Vgl. MAJEWSKI, J.R. (1996), S. 120.

Aus diesen Gründen wäre es im Interesse der Banken, aber auch in dessen der Unternehmen, daß Banken Unternehmensbeteiligungen erwerben können.[278] Diese verschaffen den Banken breitere Informationsquellen. Dadurch können der Informationsstand und die Einflußmöglichkeiten der Banken im Vergleich zu der Situation, in der sie lediglich Kreditgeber wären, deutlich verbessert werden.[279]

5.2. Banken als Anteilseigner

„Beteiligungen begründen gesellschaftsrechtliche Mitgliedschaftsrechte."[280] Als Anteilseigner eines Unternehmens erhält eine Bank einen ungewissen Anteilsanspruch auf den erwirtschafteten Unternehmenserfolg. Der Beteiligungserwerb bindet sie unmittelbar an den (Miß-)Erfolg des Unternehmens und gibt ihr die Befugnis, (in-)direkten Einfluß[281] auf dessen Tagesgeschäft zu nehmen.[282] Das Hauptinstrument zur indirekten Mitsprache stellen die mit der Beteiligung erworbenen Stimmrechte auf der Hauptversammlung des Unternehmens dar.[283]

5.2.1. Motive für Beteiligungskäufe von Banken

Beteiligungserwerb und Anteilsbesitz gehören nicht zum Katalog der traditionellen Bankleistungen.[284]

Grundsätzlich wird zwischen *geplanten* und *ungeplanten* Beteiligungen von Banken differenziert.[285] Als Grund für den *geplanten* Beteiligungserwerb wer-

---

[278] Dadurch erhalten Banken die Möglichkeit, von künftigen Erträgen der Unternehmen zu profitieren. Somit sind sie an einer positiven Unternehmensentwicklung stärker interessiert. Vgl. MAJEWSKI, J.R. (1996), S. 96.

[279] Vgl. SEGER, F. (1997), S. 82.

[280] SEGER, F. (1997), S. 78.

[281] Der direkte Einfluß resultiert aus der Möglichkeit, an der Geschäftsführung unmittelbar teilzunehmen. Bei Publikumsgesellschaften wird die Entscheidungskompetenz i.d.R. an Manager mit dem erforderlichen Fachwissen übertragen. Dann ist lediglich indirekte Einflußnahme möglich (vgl. SCHMIDT, R.H./ TERBERGER, E. (1996), S. 21); auf diese Möglichkeit wird im folgenden eingegangen.

[282] Vgl. Schmidt, R.H./ Terberger, E. (1996), S. 20-21.

[283] Vgl. SEGER, F. (1997), S. 78 sowie REYNISSON, G. (1994), S. 17.

[284] Vgl. LAMBSDORFF, O.G. (1988), S. 58 sowie IMMENGA, U. (1979), S. 31.

[285] Vgl. BÖHM, J. (1992), S. 17.

den geschäftspolitische Ziele der Banken, wie Gewinnmaximierung und Sicherung der Absatzbasis für Bankleistungen, genannt.[286]

Beteiligungen, die durch „unfreiwilligen" Anteilserwerb zustande kommen, werden als *ungeplant* bezeichnet. Tatbestände, die zu ungeplanten Bankenbeteiligungen an Nichtbank-Unternehmen führen, sind neben Kurspflegen nach durchgeführten Aktienemissionen oder zur Erhaltung des Wertes bankeigener Aktienbestände auch erforderliche Bankaktivitäten zur Überbrückung von Notsituationen in den Unternehmen. Dazu zählen vor allem der Aufkauf nichtuntergebrachter Aktien bei fehlgeschlagenen Aktienemissionen sowie die Umwandlung von vergebenen Bankkrediten bei Restrukturierung notleidender Unternehmen.[287]

5.2.2. Einflußpotential von Bankenbeteiligungen

Durch die Beteiligung an einem Unternehmen entsteht für eine Bank die Möglichkeit dauerhaft die Unternehmenspolitik zu beeinflussen.[288] Während der gesamten Dauer der Beteiligung hat die Bank umfangreiche Kontroll- und Interventionsmöglichkeiten bzgl. erwogener Unternehmensinvestitionen.[289] In erster Linie ist dies darin begründet, daß die Bank durch die Ausübung ihrer Stimmrechte auf der Hauptversammlung des Unternehmens die personelle Zusammensetzung seines Kontrollgremiums (*Aufsichtsrat* bzw. *Board of Directors*) bestimmen und beim Beschluß vertraglicher Anreiz- und Sanktionsmechanismen zur Disziplinierung des Managements maßgeblich mitwirken kann.[290] Es wird folglich erwartet, daß das betreffende Unternehmen sachgemäß geführt wird.

---

[286] Vgl. hierzu BÖHM, J. (1992), S. 14-16. Von Bankenvertretern werden diese Motive als Grund für Bankenbeteiligungen bestritten und andere Aspekte, wie z.B. Sicherung der Ertragslage durch Dividendeneinnahmen und Risikoausgleich, in den Vordergrund gerückt. Zur Diskussion der tatsächlichen Gründe für den geplanten Anteilserwerb von Banken siehe BÖHM, J. (1998), S. 17-20.

[287] Vgl. hierzu BÖHM, J. (1988), S. 20 und zu einer ausführlichen Behandlung der einzelnen Aspekte S. 20-23.

[288] Vgl. MAJEWSKI, J.R. (1996), S. 122.

[289] Vgl. MAJEWSKI, J.R. (1996), S. 83.

[290] Vgl. SEGER, F. (1997), S. 123 sowie REYNISSON, G. (1994), S. 17. Allerdings wird zur Wahrnehmung und für die Effektivität der Kontrollausübung vorausgesetzt, daß die Bank signifikant große Anteile am Unternehmen hält. Vgl. hierzu MAJEWSKI, J.R. (1996), S. 84.

5.2.3. Signalwirkung von Bankenbeteiligungen

Wie im theoretischen Modell von FAMA (1985) deutlich wird, können Bankkredite als positive Signale bzgl. der Bonität des kreditnehmenden Unternehmens interpretiert werden. Das Analoge kann auch für die Signalwirkung von Eigenkapitalbeteiligungen von Banken behauptet werden.

Da Beteiligungen weitere Informationsquellen für Banken neben den aus der Kreditbeziehung mit einem Unternehmen vorhandenen erschließen, wird die Verfügbarkeit von unternehmensinternen Informationen für eine beteiligte Bank im Vergleich zu sonstigen Marktteilnehmern erheblich verbessert. Zudem wird auch ihr (indirekter) Einfluß auf die Unternehmensführung erleichtert. Aus diesen Gründen wird das betreffende Unternehmen als rentable Investitionsalternative für potentielle Anleger angesehen.[291]

5.3. Vollmachtsstimmrechte (*Depotstimmrecht* bzw. *proxy voting*) als Kontroll- und Einflußmöglichkeit

Neben Anteilsbesitz sind Vollmachtsstimmrechte eine weitere Einflußmöglichkeit für Banken auf der Hauptversammlungsebene von Unternehmen.[292] *Depotstimmrechte* oder *proxy votes* sind Stimmrechte, die nicht selbst von den Haltern der stimmberechtigten Aktien ausgeübt, sondern i.d.R. an die Bank delegiert werden, die ihre Aktiendepots verwaltet.[293]

Die Erteilung der Vollmacht zur Ausübung der Stimmrechte kann auch von Weisungen der Aktionäre an die Bank begleitet werden. Die Bank muß bei der Formulierung eigener Vorschläge zur Stimmrechtsausübung auf der Hauptversammlung diese Weisungen bindend beachten.[294]

5.3.1. Zweckmäßigkeit der Vollmachtsstimmrechte

Durch die Depotstimmrechtserteilung kann verhindert werden, daß wegen geringer Stimmpräsenz der Aktionäre auf der Hauptversammlung eines Unterneh-

[291] Vgl. ENGELS, W. (1978), S. 27-28.
[292] Vgl. MAJEWSKI, J.R. (1996), S. 123.
[293] Vgl. HARTMANN-WENDELS, T. U.A. (1998), S. 71 sowie ZEREY, J.-C. (1994), S. 263-264.
[294] Vgl. HARTMANN-WENDELS, T. U.A. (1998), S. 71-72.

mens die Unternehmenspolitik von Zufallsmehrheiten, die in Wirklichkeit radikale Minderheiten darstellen, wirksam beeinflußt wird.[295]

Die Kontrolle der Geschäftsführung und eine vernünftige, informierte Stimmabgabe setzen weitgehendes Verständnis der Unternehmensvorgänge voraus und verursachen insbes. bei Kleinaktionären hohe Kosten. Dazu werden nicht selten auch Ratschläge von Spezialisten mit der erforderlichen Fachexpertise und möglicherweise mit Kenntnis der Unternehmenssituation gebraucht. Die Nutzung von Beratungsleistungen ist mit zusätzlicher Kostenlast verbunden, die den potentiellen Wertzuwachs aus einer direkten Stimmrechtsausübung wesentlich schmälern kann.[296] Trotz eines potentiellen Interesses an einer aktiven Stimmabgabe würden kleinere Aktionäre nicht abstimmen bzw. den Vorschlägen des Unternehmensmanagements in der Hoffnung zustimmen, daß andere statt ihnen die Kontrollausübung übernehmen (*free rider*-Problematik).[297]

Die Vollmachtsstimmrechte mögen in dieser Hinsicht die Stimmen vieler (Klein-)Aktionäre mobilisieren, denen Zeit, Fachkenntnis und finanzielle Mittel fehlen, selbst den eigenen Vorstellungen bzgl. der Unternehmenspolitik Ausdruck zu verleihen.[298] Rational handelnde Depotkunden beauftragen zur Ausübung ihrer Stimmrechte ihre Bank,[299] da sie in deren Gestalt einen geeigneten Vertreter[300] und eine kostengünstige Variante der Stimmabgabe sehen.[301]

5.3.2. Einflußpotential der Vollmachtsstimmrechte

Samt den Mitsprache- und Kontrollrechten aus einer eigenen Beteiligung gewinnt eine Bank durch die Vollmachtsstimmen noch stärkere Präsenz auf der Hauptversammlungsebene eines Unternehmens.[302] Dies verbessert zusätzlich ihren Kenntnisstand bzgl. interner Unternehmensvorgänge und ermöglicht durch

---

[295] Vgl. WEBER, M. (1995), S. 198; MONOPOLKOMMISSION (1998), S. 110; MAJEWSKI, J.R. (1996), S. 123.

[296] Vgl. ADAMS, M. (1990), S. 75.

[297] Vgl. ADAMS, M. (1990), S. 70.

[298] Vgl. BÖHM, J. (1992), S. 60.

[299] Vgl. GÜNTHER, H. (1974), S. 194.

[300] Vgl. BÖHM, J. (1992), S. 60.

[301] Vgl. MONOPOLKOMMISSION (1998), S. 105.

[302] Vgl. SEGER, F. (1997), S. 89.

Verringerung der Informationsasymmetrie zwischen Eignern, Kreditgebern und Management eine bessere Einschätzung der Kreditwürdigkeit und Rentabilität des Unternehmens.[303]

Da bei der Abstimmung auf der Hauptversammlung, wie bereits deutlich wurde, ein direkter Einfluß auf die Zusammensetzung des Kontrollgremiums eines Unternehmens möglich ist, erlangt eine Bank durch die Vollmachtsstimmrechte ein größeres Gewicht (höhere Zahl) ihrer Stimmen bei der Unterstützung eigener Kandidaten für dieses Gremium.[304]

Eine stärkere Ausweitung des Einflußpotentials einer Bank bzgl. strategischer personeller und finanzieller Unternehmensentscheidungen wird durch den Erhalt von Mandaten für das Kontrollgremium eines Unternehmens möglich.[305]

5.4. Präsenz von Banken in den Kontrollgremien (*Aufsichtsräten* bzw. *Boards of Directors*) von Nichtbank-Unternehmen

Die Partizipation von Banken an Kontrollaktivitäten in Nichtbank-Unternehmen ist nicht zuletzt in der fachlichen Expertise und der Reputation leitender Bankmitarbeiter begründet.[306] Die Präsenz von Banken in den Kontroll- oder Überwachungsgremien (*Aufsichtsräten* bzw. *Boards of Directors*) von Unternehmen bedingt die Möglichkeit einer aktiven und permanenten Einflußnahme auf die Unternehmenspolitik,[307] im Gegensatz zum eher passiven Charakter der nur aus den Stimmrechten resultierten Einflußmöglichkeiten.[308]

Die Kompetenzen des *Aufsichtsrates* bzw. des *Board of Directors* beinhalten neben einer ex ante Kontrolle und Überwachung des Unternehmensmanagements auch die Bestellung und Abberufung dessen Mitglieder.[309/310] Banken, die

---

[303] Vgl. MAJEWSKI, J.R. (1996), S. 123.

[304] Vgl. MAJEWSKI, J.R. (1996), S. 124. Dies ist grundsätzlich in der Apathie der Aktionäre bzgl. der Stimmabgabe begründet, die Banken zugleich die Möglichkeit verschafft nach eigenen Vorstellungen zu handeln. Vgl. MONOPOLKOMMISSION (1998), S. 105.

[305] Vgl. MAJEWSKI, J.R. (1996), S. 121 sowie MONOPOLKOMMISSION (1998), S. 104.

[306] Vgl. Hartmann-Wendels, T. u.a. (1998), S. 72; Gutenberg, E. (1970), S. 4-5; Günther, H. (1974), S. 199.

[307] Vgl. MONOPOLKOMMISSION (1998), S. 104-105.

[308] Vgl. MAJEWSKI, J.R. (1996), S. 124.

[309] Vgl. GROßMANN, A. (1980), S. 174 sowie REYNISSON, E. (1994), S. 17.

in den Kontrollgremien von Unternehmen vertreten sind, können sich dadurch eine dauerhafte Mitsprache im Willensbildungsprozeß der Unternehmensführung sichern. Durch die Teilnahme an der Wahl des *Vorstandes* bzw. des *Top Executive Managements* gehen die Basisvorstellungen der Mitglieder des Kontrollgremiums, d.h. auch die der Bankvertreter, bzgl. der zu verfolgenden Geschäftsführungsmuster in gewissem Ausmaß in die Unternehmensleitung ein.[311]

Des weiteren behält sich das Kontroll-/Überwachungsgremium das Recht vor, die Tätigkeit der Unternehmensspitze ex post zu kontrollieren und ihre Qualitäten zu beurteilen.[312] Dies sollte das Unternehmensmanagement zu intensiveren Konsultationen mit dem Kontrollgremium bewegen und hilft den Banken zugleich einen umfassenden Einblick in die Geschäftätigkeit des betreffenden Unternehmens beizubehalten. Dadurch werden die Erkenntnisse einer Bank über die interne Unternehmenssituation, die sie eventuell aus der Kreditbeziehung und der Vertretung auf der Hauptversammlung gewonnen hat, zusätzlich ergänzt.[313]

Darüber hinaus können (bzw. dürfen) Banken, die Vertreter im Kontrollgremium eines Unternehmens haben, dessen Geschäftsleitung laufend überprüfen, bei Notwendigkeit auf bevorstehende (Investitions-)Entscheidungen Bezug nehmen und Ratschläge dazu erteilen.[314] Damit können die Funktionen einer Bank über die Kontrolle und Überwachung des Managements hinausgehen und die Grenze zur Leitungsfunktion im Unternehmen betreten; Mitwirkung und Beratung seitens des Kontrollgremiums bei geschäftspolitischen Entscheidungen vergibt ihm

---

[310] In Ländern, in denen die Aktiengesellschaften ein einheitliches Verwaltungssystem, also ein Boardsystem und kein zweistufiges, d.h. kein Vorstands- und Aufsichtsratssystem besitzen, wird die ausführende Unternehmensspitze als *(Top) Management* oder *Executive Officers* und das Überwachungsorgan als *Board of Directors* bezeichnet. Eine strikte institutionelle Trennung besteht jedoch nicht, so daß die Executive Officers oft Boardmitglieder sind. Vgl. GUTENBERG, E. (1962), S. 22.

[311] Vgl. GROSSMANN, A. (1980), S. 174 sowie GUTENBERG, E. (1970), S. 7-8.

[312] Dazu dienen hauptsächlich Prüfung und Beurteilung der Unternehmensjahresabschlüsse. Insbes. das Ablehnungsrecht des Aufsichtsrates sichert den Banken eine effektive Sanktionsmöglichkeit. Vgl. hierzu MAJEWSKI, J.R. (1996), S. 125.

[313] Vgl. MAJEWSKI, J.R. (1996), S. 125.

[314] Vgl. GUTENBERG, E. (1962), S. 39.

den Charakter eines mitentscheidenden Organs.[315] Da Banken im Vordergrund eigene Interessen, wie bankbetriebliche Absatzpolitik und Sicherung des bereitgestellten Kapitals, verfolgen, ist zu erwarten, daß ihre Vertreter im Kontrollgremium eines Unternehmens an der Prosperität und Ertragssteigerung des Unternehmens interessiert und um deren Sicherstellung bemüht sind.[316]

In dieser Hinsicht erleichtert ein dauerhafter Bestand der Bankenpräsenz im Kontrollgremium eines Unternehmens die Ausübung von Mitsprache-, Kontroll- und Sanktionsrechten der Banken, sichert aber dem Unternehmen zugleich die Kontinuität der Unternehmensentscheidungen und sorgt mithin für deren mögliche Verbesserung.[317]

Abschließend gilt festzuhalten, daß Banken durch ihre Engagements im Nichtbanken-Sektor ein breites Potential zur Einflußnahme auf Unternehmensabläufe erlangen, das ihnen eine herausragende Stellung im Finanzsystem einräumt. Inwieweit sie dieses Potential mobilisieren können, ist eine Frage regulativer Rahmenbedingungen, tradierten Verhaltens und institutioneller Gestaltung des Banken-/Finanzsystems. In welchem Umfang diese Aspekte die Bedeutung der Banken für die in diesem Teil diskutierten Problembereiche prägen, wird als Fragestellung dem nachfolgenden Teil der Arbeit zugrunde gelegt.

---

[315] Vgl. hierzu GUTENBERG, E. (1970), S. 5.
[316] Vgl. BÖHM, J. (1992), S. 188.
[317] Vgl. Hartmann-Wendels, T. u.a. (1998), S. 72.

III. LÄNDERSPEZIFISCHER HINTERGRUND ZUR BEURTEILUNG DER ROLLE DER BANKEN: EVIDENZ AUS DEUTSCHLAND UND DEN USA

1. Schwerpunkte der Betrachtung

Der dritte Teil der Arbeit umfaßt eine komparative Analyse der Rolle des deutschen und des US-amerikanischen Bankensektors im Rahmen des jeweiligen nationalen Finanzsystems. Der Vergleich soll der empirischen Belegung des in Teil II erlangten theoretischen Verständnisses der diskutierten Problematik dienen. Dabei werden vier Hauptakzente der Betrachtung gesetzt.[318]

Als Erstes sollen die Strukturen der beiden Finanzsysteme erläutert werden. Hierzu wird auf bestehende Unterschiede hinsichtlich der Organisation und Regulierung der Bankensysteme und des Entwicklungsstandes der nationalen Finanzmärkte detailliert eingegangen.

Als Zweites wird die Frage nach dem Beitrag der Bankfinanzierung zur Gesamtfinanzierung nichtfinanzieller Unternehmen aufgegriffen. Dabei wird grundsätzlich zwischen Anteil der Bankkredite an der Bilanzsumme der Unternehmen, Anteil an den Finanzierungsströmen der Unternehmensinvestitionen und Anteil am nominalen Bruttoinlandsprodukt unterschieden.

Der dritte Schwerpunkt der Untersuchung wird auf die Möglichkeiten der Banken im deutschen und dem amerikanischen Finanzsystem, Einfluß auf die Corporate Governance nichtfinanzieller Unternehmen zu nehmen, gelegt.

Abschließend werden Überlegungen über die zukünftige Entwicklung der beiden Finanz- und Bankensysteme gemacht und auf daraus resultierende Konvergenztendenzen der beiden Finanzmodelle hingewiesen.

---

[318] Eine ähnliche Vorgehensweise wählen BRICHS-SERRA, BUCH und NIENABER (1997) in ihrer Untersuchung der Rolle der Banken in Deutschland und den USA, wobei sie sich explizit auf die Finanzierung kleiner Unternehmen konzentrieren und außerdem eine Analyse der Bankenperformance vornehmen. Vgl. hierzu BRICHS-SERRA, E./ BUCH, C.M./ NIENABER, T. (1997).

80

2. Struktur der Finanzsysteme

Als typisches Beispiel für ein bankendominiertes System der Unternehmensfinanzierung und -kontrolle gilt der Finanzsektor in Deutschland, wo das Universalbankensystem es Geschäftsbanken erlaubt, viel Handlungsfreiheit zu genießen. Als typisches Gegenbeispiel gilt das kapitalmarktorientierte Finanzsystem in den USA, wo die Kapitalmärkte nach allgemeiner Auffassung bei der Finanzierung und Kontrolle von Unternehmen dominieren, während der Bankensektor durch seine Zersplitterung und Spezialisierung infolge des Trennbankensystems im Hintergrund bleibt.

Die Unterschiede in der Organisation und der Funktionsfähigkeit der nationalen Bankensysteme beruhen auf unterschiedlichen regulativen Rahmenbedingungen in Verbindung mit einer differenzierten historischen Entwicklung der beiden Volkswirtschaften. Diese haben sich in erheblichem Ausmaß auch im unterschiedlichen Entwicklungs- und Leistungsniveau der nationalen Finanzmärkte niedergeschlagen.

2.1. Organisation der Bankensysteme und Bankenregulierung

2.1.1. Das deutsche Universalbankensystem

2.1.1.1. Institutioneller Aufbau des Geschäftsbankensystems und gesetzliche Regelungen der Bankentätigkeit

(a) Institutioneller Aufbau des Geschäftsbankensystems

Das Bankwesen in Deutschland ist durch den stark ausgeprägten universalen Charakter der Mehrheit der existierenden Bankinstitute gekennzeichnet.[319] Die Tatsache, daß Deutschland als das klassische Land der Universalbanken gilt, schließt jedoch die Existenz von spezialisierten Bankinstituten nicht aus. Das Leistungsangebot solcher Institute in Deutschland konzentriert sich nach der für

---

[319] Die Zahl der Banken in Deutschland lag Ende 1996 bei 3.675; 3.457 davon waren Universalbanken. Vgl. hierzu STEIN, J. (1997), Anhang S. 43 zitiert nach KLEIN, D.K.R. (1998), S. 78, Schaubild 1.1.

Spezialbanken typischen Manier auf einzelne Bankleistungen, während Universalbanken i.d.R. die ganze Leistungspalette anbieten (dürfen).[320]

Die Herausbildung eines Universalbankensystems in Deutschland hat ihre historischen Gründe. Sie gehen auf die enge Verbindung zwischen Banken und Industriesektor um die Mitte des 19. Jahrhunderts zurück. Im Zuge der industriellen Revolution entstand ein so großer Kapitalbedarf, daß *Aktienbanken* gegründet wurden. Die Verknüpfung von Kredit- und Einlagengeschäft einerseits und Effektengeschäft andererseits sollte die damals aus der unzureichenden Vermögensbildung breiter Bevölkerungsschichten resultierende Kapitalknappheit auf den Finanzmärkten überwinden.[321]

Die Entstehung von spezialisierten Bankinstituten in Deutschland beruht in diesem Zusammenhang eher auf der Möglichkeit, durch Spezialisierung bessere Wettbewerbs- und Erfolgschancen erzielen zu können oder auf besonderen Zielsetzungen[322] als auf regulativen gesetzlichen Vorschriften.[323] Die Mehrheit der Spezialbanken stellen heute angegliederte Einheiten von Universalbanken dar, die von den Letztgenannten aufgekauft bzw. neu gegründet wurden.[324]

---

[320] Vgl. Hartmann-Wendels, T. u.a. (1998), S. 28.

[321] Vgl. EILENBERGER, G. (1990), S. 20. Zur geschichtlichen Entstehung und Entwicklung des deutschen Universalbankensystems vgl. auch POHL, M. (1986).

[322] So z.B. wurden die Sparkassen und die Kreditgenossenschaften, die heute bereits zu den Universalbanken zählen, als Selbsthilfeeinrichtungen gegründet. Vgl. EILENBERGER, G. (1990), S. 20.

[323] Vgl. HARTMANN-WENDELS, T. U.A. (1998), S. 28 sowie KLEIN, D.K.R. (1998), S. 62.

[324] Vgl. Hartmann-Wendels, T. u.a. (1998), S. 29.

Abbildung III.1: Aufbau des deutschen Universalbankensystems[325]

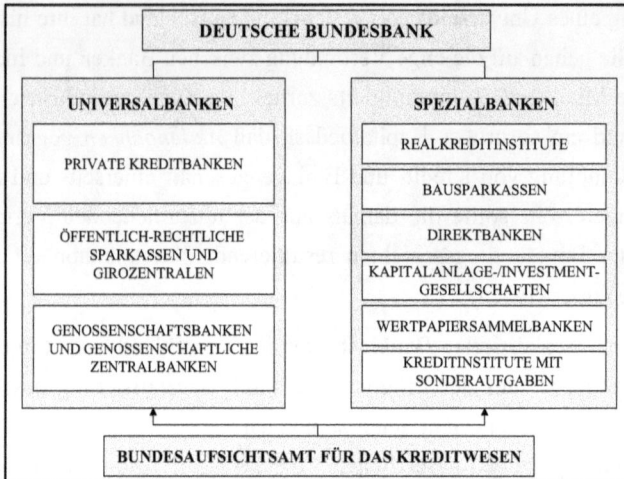

```
┌─────────────────────────────────────────────────────────────────┐
│              ┌──────────────────────────────────┐                │
│              │       DEUTSCHE BUNDESBANK         │                │
│              └──────────────────────────────────┘                │
│                                                                   │
│   ┌─────────────────────┐        ┌─────────────────────────┐     │
│   │    UNIVERSALBANKEN   │        │      SPEZIALBANKEN       │     │
│   │                     │        │                         │     │
│   │ ┌─────────────────┐ │        │ ┌─────────────────────┐ │     │
│   │ │ PRIVATE         │ │        │ │ REALKREDITINSTITUTE │ │     │
│   │ │ KREDITBANKEN    │ │        │ └─────────────────────┘ │     │
│   │ └─────────────────┘ │        │ ┌─────────────────────┐ │     │
│   │                     │        │ │ BAUSPARKASSEN       │ │     │
│   │ ┌─────────────────┐ │        │ └─────────────────────┘ │     │
│   │ │ ÖFFENTLICH-     │ │        │ ┌─────────────────────┐ │     │
│   │ │ RECHTLICHE      │ │        │ │ DIREKTBANKEN        │ │     │
│   │ │ SPARKASSEN UND  │ │        │ └─────────────────────┘ │     │
│   │ │ GIROZENTRALEN   │ │        │ ┌─────────────────────┐ │     │
│   │ └─────────────────┘ │        │ │ KAPITALANLAGE-/     │ │     │
│   │ ┌─────────────────┐ │        │ │ INVESTMENT-         │ │     │
│   │ │ GENOSSENSCHAFTS-│ │        │ │ GESELLSCHAFTEN      │ │     │
│   │ │ BANKEN UND      │ │        │ └─────────────────────┘ │     │
│   │ │ GENOSSENSCHAFT- │ │        │ ┌─────────────────────┐ │     │
│   │ │ LICHE           │ │        │ │ WERTPAPIERSAMMEL-   │ │     │
│   │ │ ZENTRALBANKEN   │ │        │ │ BANKEN              │ │     │
│   │ └─────────────────┘ │        │ └─────────────────────┘ │     │
│   │                     │        │ ┌─────────────────────┐ │     │
│   │                     │        │ │ KREDITINSTITUTE MIT │ │     │
│   │                     │        │ │ SONDERAUFGABEN      │ │     │
│   └─────────────────────┘        │ └─────────────────────┘ │     │
│                                  └─────────────────────────┘     │
│   ┌───────────────────────────────────────────────────────┐     │
│   │     BUNDESAUFSICHTSAMT FÜR DAS KREDITWESEN             │     │
│   └───────────────────────────────────────────────────────┘     │
└─────────────────────────────────────────────────────────────────┘
```

Die institutionelle Struktur des deutschen Bankensystems ist in Abbildung III.1 graphisch dargestellt. Zu der Gruppe der Universalbanken gehören die *Kreditbanken*, die *Sparkasseninstitute* und die *Genossenschaftsbanken*. Die Kreditbanken befinden sich in privatem Eigentum, während die Banken des Sparkassensektors öffentlich-rechtliche Institute darstellen.[326] Im Verbund der Sparkassen sowie in dem der Genossenschaftsbanken wurden Zentralstellen (*Girozentralen* resp. *genossenschaftliche Zentralbanken*) gegründet, die hauptsächlich den Zahlungsverkehr zwischen den einzelnen Einheiten regeln und bei größeren Finanzierungsprojekten die nötigen finanziellen Mittel bereitstellen sollen.[327] In Hinblick auf die letztgenannte Aufgabe der zentralen Institute erscheint ihre Errichtung nachvollziehbar, da die einzelnen Sparkassen und Kreditgenossenschaften in ihrer Mehrheit relativ kleine Institute darstellen und demzufolge in ihrer Leistungsfähigkeit beschränkt sind.[328]

---

[325] Vgl. auch EILENBERGER, G. (1990), S. 19, Abbildung 3 sowie HARTMANN-WENDELS, T. U.A. (1998), S. 29, Abbildung A4.1.

[326] Vgl. Hartmann-Wendels, T. u.a. (1998), S. 29.

[327] Vgl. HARTMANN-WENDELS, T. U.A. (1998), S. 35 und S. 36.

[328] Vgl. BÜSCHGEN, H.E. (1999), S. 176.

Die Gesamtheit der Spezialbanken umfaßt eine Vielzahl von verschiedenen Banktypen, die sich weitgehend nach der Art der von ihnen angebotenen speziellen Bankleistungen unterscheiden. Darunter lassen sich grundsätzlich sechs Teilgruppen von Spezialinstituten grob voneinander abgrenzen: *Realkreditinstitute (Hypothekenbanken), Bausparkassen, Direktbanken, Kapitalanlage-/Investmentgesellschaften, Wertpapiersammelbanken* und *Spezialbanken mit Sonderaufgaben*[329].[330] Wie bei den Universalbanken läßt sich auch hier zwischen privat- und öffentlich-rechtlich organisierten Instituten unterscheiden.[331]

In Anbetracht der unverhältnismäßig kleinen Anzahl von Spezialinstituten im deutschen Bankensystem (weniger als 6% aller Bankinstitute) erscheint ihr Anteil von einem Viertel am Gesamtvolumen der Bankgeschäfte sehr beachtenswert.[332] Auf die einzelnen Teilgruppen des Universalbankenbereichs - Sparkassen, Genossenschaftsbanken und privaten Kreditbanken - entfallen jeweils 37,2%, 13,8% und 28% des gesamten Geschäftsvolumens des deutschen Bankensektors.[333]

(b) Gesetzliche Regelungen der Bankentätigkeit

Die gesetzliche Grundlage für das Funktionieren des deutschen Bankensystems bildet das 1961 erlassene und bis heute mit 6 Novellen (letztmalig am 1. Januar 1998) geänderte *Gesetz über das Kreditwesen* (KWG).[334] In seinem Wesen trägt

---

[329] Darunter fallen Kreditinstitute, die hinsichtlich der Wesenheit ihrer Aufgaben zwar sehr unterschiedlich sind, jedoch eine gemeinsame Zielsetzung haben, sofern sie der Förderung von gesamtwirtschaftlich relevanten Sektoren oder Geschäften dienen sollen. Hierzu zählen die *Industriekreditbank*, die *Ausfuhrgesellschaft*, die *Liquiditätskonsortialbank*, die *Kreditanstalt für Wiederaufbau* sowie die *Deutsche Ausgleichsbank*. Vgl. hierzu SÜCHTING, J. (1992), S. 191-192.
[330] Vgl. HARTMANN-WENDELS, T. U.A. (1998), S. 29. Zu einer detaillierten Beschreibung der Merkmale der einzelnen Bankengruppen siehe z.B. BÜSCHGEN, H.E. (1998a), S. 79-119.
[331] Vgl. ALLEN, F./ GALE, D. (1993), S. 6.
[332] Quelle: KLEIN, D.K.R. (1998), S. 89.
[333] Quelle: DEUTSCHE BUNDESBANK (1997a), Tabellen I.3, IV.1 und IV.3 zitiert nach KLEIN, D.K.R. (1998), S. 82, Tabelle 1.1.
[334] Vgl. KLEIN, D.K.R. (1998), S. 72.

84

es die Grundzüge des *Reichsgesetzes über das Kreditwesen* vom 15. Dezember 1934.[335]

Obwohl die Struktur und die Funktionsaufteilung innerhalb des deutschen Bankensystems eher ein Ergebnis der Wirkung marktwirtschaftlicher Wettbewerbskräfte und weniger ein Resultat der Durchsetzung regulativer und sonstiger gesetzlicher Regelungen zu sein scheint,[336] existieren eine Reihe von Restriktionen, die die territoriale Reichweite der Betätigung etlicher Bankengruppen regeln. So ist es den Sparkassen und den Genossenschaftsbanken grundsätzlich erlaubt, nur innerhalb der ihren Gründungsort angrenzten Gemeinden tätig zu sein.[337]

Weitere regulative Regelungen, die unmittelbar den Geschäftsbetrieb der deutschen Banken betreffen, umfassen vor allem Auskunfts- und Anzeigepflichten, Mindestanforderungen bzgl. der Kapitalausstattung und der Qualifikation der Führungskräfte der Banken. In Hinblick auf ihre Wirkung haben sie eher präventiven Charakter. Sie zielen darauf ab, die Notwendigkeit von unmittelbaren Interventionen der Regulierungsbehörden in den Bankensektor, durch Verringerung der Eintrittswahrscheinlichkeit von Bankkrisen, möglichst niedrig zu halten.[338]

In Bezug auf Bankaktivitäten, die nicht zum Kernbestand des Bankgeschäfts gehören, sind die gesetzlichen Vorschriften in Deutschland relativ freiheitlich. So ist den Geschäftsbanken i.d.R. erlaubt Anteile an nichtfinanziellen Unternehmen für eigene Zwecke zu erwerben und zu halten. Die bislang existierende Begrenzung bestand darin, daß die Anteile, die Banken an anderen Unternehmen erwarben und hielten, deren haftendes Kapital nicht überschreiten durften.[339]

---

[335] Vgl. BÜSCHGEN, H.E. (1999), S. 173 sowie POHL, M. (1986), S. 163.

[336] Vgl. hierzu BÜSCHGEN, H.E. (1999), S. 178. Spezielle gesetzliche Vorschriften, die funktionale Aspekte der Bankentätigkeit betreffen, beziehen sich vorwiegend auf die Geschäftstätigkeit von sich als Spezialbanken etablierten Instituten bzw. von Universalbanken, die sehr aktiv spezielle Bankgeschäfte betreiben. Solche einschränkende Regelungen sind hauptsächlich im *Hypothekenbankgesetz*, dem *Schiffsbankgesetz*, dem *Gesetz über Kapitalanlagegesellschaften* und dem *Bausparkassengesetz* enthalten. Vgl. hierzu BÜSCHGEN, H.E. (1999), S. 174.

[337] Vgl. HARTMANN-WENDELS, T. U.A. (1998), S. 35 und S. 36.

[338] Vgl. BÜSCHGEN, H.E. (1999), S. 173.

[339] Vgl. ZERWAS, H. (1996), S. 18 D, KWG § 12 Abs. 1.

Dabei waren etliche Ausnahmen vorgesehen,[340] die einen reibungslosen Geschäftsbetrieb der Banken gewährleisten sollten.[341] Mit der Novellierung des Gesetzes über das Kreditwesen vom 01. Januar 1998 wurden die Beschränkungen zusätzlich gelockert, sofern sie nur noch bei *bedeutenden* Beteiligungen von Banken in nichtfinanziellen Wirtschaftssektoren gelten.[342] Für solche Fälle sind die Obergrenzen für eine einzelne Anlage und für die Summe aller Beteiligungen bei jeweils 15% und 60% des haftenden Kapitals der beteiligten Bank festgesetzt.[343] Sparkassen sind von der Möglichkeit, Unternehmensanteile zu erwerben und zu halten, durch Landesrecht gänzlich ausgeschlossen.[344]

Kennzeichnend für die deutschen Banken ist außerdem, daß sie oft in den Aufsichtsräten von Unternehmen in anderen Wirtschaftssektoren vertreten sind und im Wege der Auftragsstimmrechtsausübung Kontrollfunktionen für ihre Depotkunden wahrnehmen (*Depotstimmrecht*).[345]

2.1.1.2. Regulierungsbehörden und Bankenaufsicht

In Zusammenhang mit der Regulierung des deutschen Bankensektors sind die zwei wichtigsten Einrichtungen im institutionellen Umfeld der Geschäftsbanken zu nennen: die *Deutsche Bundesbank* und das *Bundesaufsichtsamt für das Kreditwesen*.[346] Laut Gesetz (KWG) sind beide Institutionen zur Zusammenarbeit verpflichtet.[347] Überschneidungen der Regulierungskompetenzen bestehen jedoch nicht.

---

[340] Vgl. ZERWAS, H. (1996), S. 18 D, KWG § 12 Abs. 2.

[341] Vgl. MONOPOLKOMMISSION (1998), S. 25.

[342] Laut KWG §1, Abs. 9 besteht eine *bedeutende* Beteiligung dann, „wenn unmittelbar oder mittelbar über ein oder mehrere Tochterunternehmen mindestens 10 vom Hundert des Kapitals oder der Stimmrechte eines Unternehmens gehalten werden oder wenn auf die Geschäftsführung des Unternehmens, an dem eine Beteiligung besteht, ein maßgeblicher Einfluß ausgeübt werden kann."

[343] Vgl. hierzu MONOPOLKOMMISSION (1998), S. 25. Der regulative Charakter dieser Regelungen ist auf die Stabilitätssicherung des deutschen Bankensystems und den Schutz dessen Gläubiger ausgerichtet. Vgl. MONOPOLKOMMISSION (1998), S. 25.

[344] Vgl. LAMBSDORFF, O.G. (1988), S. 58.

[345] Vgl. Frankel, A.B./ Montgomery, J.D. (1991), S. 285.

[346] Vgl. Hartmann-Wendels, T. u.a. (1998), S. 28.

[347] Vgl. ZERWAS, H. (1996), S. 6 D, KWG § 7.

Die zentrale Aufgabe der Bundesbank (als Zentralbank) auf dem Gebiet der Bankenregulierung besteht in der Erfüllung der gesamtwirtschaftlichen Funktion des *lender of last resort*.[348] Obwohl sich die eigentliche Durchführung der Bankenaufsicht hauptsächlich in der Kompetenz des Bundesaufsichtsamtes für das Kreditwesen befindet, ist ein wesentlicher Teil dieser Aufgabe an die Bundesbank übertragen.[349] Eventuell erforderliche direkte Eingriffe zur Bewältigung von Krisensituationen im Bankensystem werden jedoch vom Bundesaufsichtsamt für das Kreditwesen vorgenommen.[350]

2.1.1.3. Einlagensicherung

Ein einheitliches staatliches Einlagensicherungssystem existiert in Deutschland nicht. Im Laufe der historischen Entwicklung des deutschen Bankensystems haben sich die oben genannten Teilgruppen von depositennehmenden Instituten - private Kreditbanken, Sparkassen und Kreditgenossenschaftsbanken - herausgebildet; sie haben zum Zwecke der gruppeninternen Risikoverteilung eigene Sicherungssysteme errichtet. Diese sind jedoch kein Resultat gesetzlicher Vorschriften.[351]

Die Effizienz und die Stabilität des in der beschriebenen Weise organisierten und reglementierten deutschen Universalbankensystems sind bereits einige Male in Frage gestellt worden. So z.B. wurde im Jahre 1974 die Studienkommission *„Grundsatzfragen der Kreditwirtschaft"* vom Finanzministerium einberufen, um eine Untersuchung bzgl. bestehender Möglichkeiten zur Verbesserung und Umstrukturierung des deutschen Bankensystems durchzuführen. Der Begründung dieses Tatbestands lag die Vermutung potentieller Gefahren zugrunde, die aus einer befürchteten Machtkonzentration und Machtausübung im Bankensektor resultieren könnten. Unter die erwogenen Problemaspekte fielen vor allem die Notwendigkeit einer Trennung von Commercial und Investment Banking-Aktivitäten, eines Verbotes bzw. einer strengeren Beschränkung der Bankenbeteiligungen an nichtfinanziellen Unternehmen sowie die Auferlegung von Re-

---

[348] Vgl. hierzu HARTMANN-WENDELS, T. U.A. (1998), S. 46-47.

[349] Vgl. BÜSCHGEN, H.E. (1999), S. 173 sowie KLEIN, D.K.R. (1998), S. 70.

[350] Vgl. KLEIN, D.K.R. (1998), S. 72.

[351] Vgl. hierzu BÜSCHGEN, H.E. (1999), S. 174.

striktionen auf die Ausübung von Vollmachtsstimmrechten und die Aufsichtsratspräsenz von Banken.[352]

Doch in der Realität hat sich das deutsche Universalbankensystem bislang als
äußerst solide und gleichzeitig anpassungsfähig erwiesen. Die Diskussion über
dessen Einflußpotential und die sich daraus ergebende „Macht" der deutschen
Banken wurde jedoch mehrmals erneuert und bleibt weiterhin offen.[353]

2.1.2. Das US-amerikanische Trennbankensystem

2.1.2.1. Institutioneller Aufbau des Geschäftsbankensystems und gesetzliche Regelungen der Bankentätigkeit

(a) Aufbau und Separierung des Geschäftsbankensystems

Das US-amerikanische Bankensystem ist durch eine klare institutionelle Trennung zwischen dem Bereich des Depositen- und Kreditgeschäfts einerseits und
dessen des Effektengeschäfts andererseits geprägt. Dieser Sachverhalt kennzeichnet das US-amerikanische Modell der Organisation des Bankensektors als
typisches Trennbankensystem.[354] Innerhalb der Gesamtheit der Bankinstitute
wird grundsätzlich zwischen *Commercial Banks*, *Investment Banks* und *Thrift
Institutions*[355] unterschieden.[356] Die institutionelle Gestaltung des US-amerikanischen Bankensystems ist in Abbildung III.2 veranschaulicht.

---

[352] Vgl. EILENBERGER, G. (1990), S. 21 sowie ROGGENBUCK, H.E. (1992), S. 13-17.

[353] Vgl. hierzu auch WIXFORTH, H. (1997) mit einer detaillierten Zusammenfassung dieser
Thematik.

[354] Vgl. Hartmann-Wendels, T. u.a. (1998), S. 50.

[355] Wegen der sehr engen Definition des Bankbegriffs in den USA werden die *Thrift Instituti-
ons* nicht direkt als Banken bezeichnet, obwohl sie depositennehmende und kreditvergebende
Institutionen wie die *Commercial Banks* darstellen. Anstatt dessen spricht man von *Near-
Banks* (vgl. hierzu LOLOS, L.S. (1966), S. 38) oder von Geschäftsbanken i.w.S. (vgl. GRILL,
W./ GRAMLICH, L./ ELLER, R. (1995), S. 216).

[356] In diesem Zusammenhang werden oft auch die sog. *Non-bank Banks* dazu erwähnt. Im
Rahmen dieser Arbeit wird jedoch auf eine Betrachtung dieser Institutionen verzichtet. Statt
dessen siehe z.B. HARTMANN-WENDELS, T. U.A. (1998), S. 57.

Abbildung III.2: Aufbau des US-amerikanischen Trennbankensystems[357]

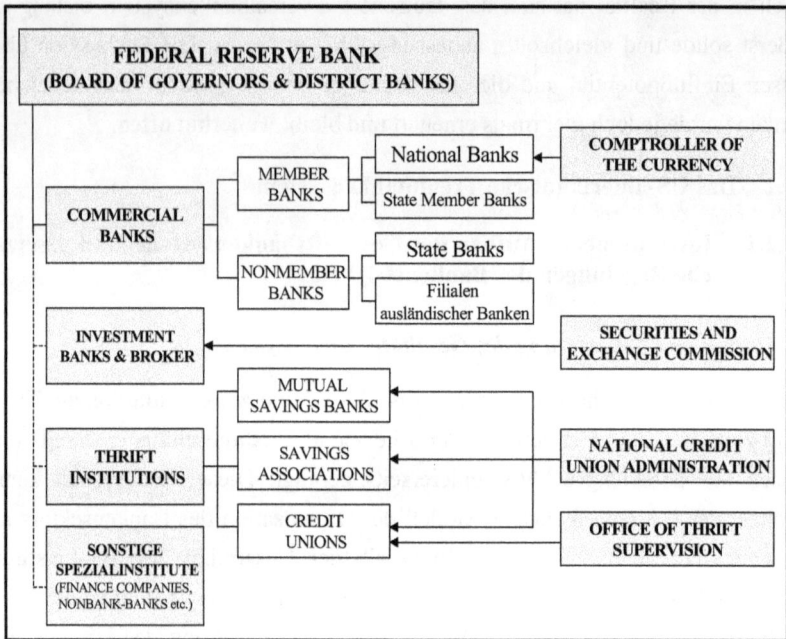

Die Anfänge eines einheitlichen föderalen Bankensystems in den USA gehen auf das Jahr 1863 und den damals erlassenen *National Bank Act* zurück.[358] Für die Organisation des amerikanischen Geschäftsbankensystems ist in diesem Zusammenhang das *Dual Banking*-Prinzip[359] charakteristisch, nach dem die Banken die Konzession (*Charter*) für die Ausübung ihrer Tätigkeit vom Bund (*Federal* oder *National [Chartered] Banks*) oder aber auch von den einzelnen Bundesstaaten (*State [Chartered] Banks*) erhalten können.[360]

---

[357] Vgl. auch HUMMEL, D./ STEDEN, P. (1999), S. 1920, Abbildung 1.

[358] Zur Entstehung und Entwicklung des amerikanischen Bankensystems vgl. z.B. LOLOS, L.S. (1966), S. 13-39, hier S. 23 sowie PIERCE, J.L. (1991), S. 33-87.

[359] Vgl. LOLOS, L.S. (1966), S. 24.

[360] Vgl. HUMMEL, D./ STEDEN, P. (1999), S. 1920.

Das ursprüngliche Fehlen eines Zentralbankensystems hat jedoch zu spürbaren Instabilitäten im amerikanischen Bankensektor geführt.[361] So wurde 1913 mit dem Erlaß des *Federal Reserve Act* das *Federal Reserve System* (das US-amerikanische Zentralbankensystem = *Fed*) gegründet, das aus einem *Board of Governors* und zwölf *Federal Reserve Banks* besteht. Der Beitritt dem *Federal Reserve System* ist für *National Chartered Banks* vorgeschrieben. *State Chartered Banks* dürfen selbst entscheiden, ob sie dem System beitreten wollen (*State Member Banks*) oder nicht.[362]

Der Grundgedanke einer Separierung von Commercial und Investment Banking in den USA kam als Folge der Vielzahl von Bankkrisen zwischen 1929 und 1933.[363] Die Trennung wurde mit dem 1933 verabschiedeten *Glass Steagall Act* gesetzlich geregelt.[364] Auch bereits existierende Banken, die bis dahin im Prinzip alle Bankgeschäfte in gleichem Umfang ausüben durften,[365] mußten sich entweder für das Kredit- und Einlagengeschäft oder für das Wertpapier- und Emissionsgeschäft entscheiden.[366] Die Zweckmäßigkeit der Einführung eines Trennbankensystems wurde mit der Existenz von inhärenten Interessenkonflikten zwischen den Geschäftsbereichen einer Universalbank begründet, die sich negativ auf die Systemstabilität und die Bankkunden auswirken.[367] Den *Commercial Banks* wurde damit eine Betätigung im Effektengeschäft prinzipiell untersagt.[368] Als Folge dürfen sie generell keine Eigenkapitalanteile an Unternehmen außerhalb des Finanzsektors erwerben und halten.[369]

---

[361] Vgl. HUBBARD, R.G. (1997), S. 483.

[362] Vgl. HUMMEL, D./ STEDEN, P. (1999), S. 1921.

[363] Die amerikanischen Banken haben den Börsenkrach im Oktober 1929 ursprünglich ohne wesentliche Turbulenzen überstanden. Die erste Bankkrisenwelle kam 1930 mit 1.350 Bankzusammenbrüchen. Die Jahre 1931 und 1932 brachten weitere 3.750 Bankzusammenbrüche. Bis 1933 zählten die zusammengebrochenen Bankinstitute bereits mehr als 9.600. Quelle: PIERCE, J.L. (1991), S. 43-46.

[364] Vgl. HEFFERNAN, S. (1996), S. 238 sowie SAMETZ, A.W. u.a. (1979), S. 155.

[365] Vgl. HUBBARD, R.G. (1997), S. 358.

[366] Vgl. Hartmann-Wendels, T. u.a. (1998), S. 51.

[367] Vgl. HEFFERNAN, S. (1996), S. 238.

[368] Es existieren etliche Formen des Effektengeschäfts, sog. „*twilight zone-activities*", deren Ausführung den Commercial Banks zwar nicht explizit erlaubt, ihnen jedoch auch nicht untersagt ist. Darunter fallen Privatplazierung von Wertpapieren, Verkauf von Mutual Funds-

Die *Commercial Banks* sind der Teil des amerikanischen Bankensektors, dem die größte Bedeutung zukommt.[370] Sie wickeln rund 77% des gesamten Geschäftsvolumens der depositennehmenden Bankinstitute ab; die restlichen 23% entfallen auf die *Thrift Institutions*.[371] Im Vergleich dazu machen die Universalbanken in Deutschland über 75% des Geschäftsvolumens der Kreditinstitute aus.[372] Die *Investment Banks* in den USA werden hingegen dem eigentlichen (Geschäfts-)Bankensektor nicht zugerechnet.[373]

Das Leistungsspektrum der amerikanischen *Commercial Banks* umfaßt hauptsächlich das Depositen- und Kreditgeschäft.[374] Die *Investment Banks* haben für sich das Effektengeschäft „reserviert"; sie betätigen sich i.d.R. im Bereich des Wertpapierhandels, des Emissionsgeschäftes, der Plazierung von festverzinslichen Anleihen an den Börsen, der Anlageberatung oder des Market Making. Die *Thrift Institutions* sind ähnlich wie die *Commercial Banks* im Einlagen- und Kreditgeschäft tätig. Innerhalb dieser Bankengruppe lassen sich weiterhin drei Teilgruppen abgrenzen: die *Mutual Savings Banks*, die *Savings Associations* und die *Credit Unions*. Darunter haben die *Mutual Savings Banks* am meisten mit den *Commercial Banks* gemeinsam. Wie die *Savings Associations* nehmen sie Spareinlagen ein und vergeben Hypothekarkredite; sie bieten jedoch zusätzlich Dienstleistungen im Bereich des Zahlungsverkehrs und der Sicht- und Termineinlagen an. Die *Credit Unions* sind hingegen keine gewinnerzielenden Institute[375] und konzentrieren sich i.d.R. auf das Spareinlagen- und Kreditgeschäft mit ihren Mitgliedern. In dieser Hinsicht ähneln sie sehr den deutschen Genossen-

---

Anteilen sowie Zeichnung von Länder- und Kommunalobligationen. Vgl. hierzu SAMETZ, A.W. U.A. (1979), S. 156 und zu den einzelnen Aktivitäten S. 163-177.

[369] Vgl. SÜCHTING, J. (1992), S. 244; ALLEN, F./ GALE, D. (1993), S. 9 sowie HUMMEL, D./ STEDEN, P. (1999), S. 1922. Für amerikanische Banken besteht jedoch die Möglichkeit, Beteiligungsbesitz an nichtfinanziellen Unternehmen im Falle einer Restrukturierung zu erwerben. Vgl. hierzu JAMES, C. (1995), S. 1211. Darauf wird an anderer Stelle ausführlich eingegangen.

[370] Vgl. ALLEN, F./ GALE, D. (1993), S. 10.

[371] Quelle: U.S.-BUREAU OF THE CENSUS (1997), S. 514, Tabelle 783, eigene Berechnungen.

[372] Vgl. KLEIN, D.K.R. (1998), S. 62.

[373] Vgl. hierzu Grill, W./ Gramlich, L./ Eller, R. (1995), S. 216.

[374] Hierzu und zur folgenden Beschreibung der Bankengruppen vgl. im wesentlichen HUMMEL, D./ STEDEN, P. (1999), S. 1922-1924.

[375] Vgl. Grill, W./ Gramlich, L./ Eller, R. (1995), S. 216.

schaftsbanken in ihrer ursprünglichen Form[376]. Zum Unterschied von den *Commercial Banks* beschränken die *Thrift Institutions* ihr Leistungsangebot vorwiegend auf den Bereich des Wohnungsbaus.[377]

(b) Geographische Restriktionen der Bankentätigkeit

Weitere Beschränkungen der Bankentätigkeit betreffen den territorialen Wirkungskreis der amerikanischen Banken. Ursprünglich wurden geographische Restriktionen innerhalb des Bankensystems durch den *McFadden Act* von 1927 eingeführt.[378] Im allgemeinen sind Restriktionen dieser Art auf die Gründung von Zweigstellen und Filialen innerhalb eines Bundesstaates (*intrastate branching*) oder außerhalb des Gründungsstaates (*interstate branching*) bezogen.[379] Infolgedessen kann der Wirkungsraum eines Bankinstitutes auf eine einzige Hauptstelle (*unit banking*[380]), auf eine geographische Region (*limited branching*) oder auf einen Bundesstaat (*statewide branching*) begrenzt sein.[381] In den letzten Jahren ist jedoch eine Tendenz zur Auflockerung dieser Beschränkungen und zu einer breiteren Zulassung von *interstate branching* zu verzeichnen.[382]

Die Folge solcher Einschränkungen ist eine in den USA im Vergleich zu Deutschland unverhältnismäßig große Zahl von Banken. Ende 1996 zählten sie rund 22.844 depositennehmende Institute,[383/384] während die Zahl in Deutschland im gleichen Jahr bei 3.675 lag. In Anbetracht der Zahl der einzelnen Bank-

---

[376] Vgl. hierzu HARTMANN-WENDELS, T. (1998), S. 36.

[377] Vgl. HUMMEL, D./ STEDEN, P. (1999), S. 1920.

[378] Vgl. Hartmann-Wendels, T. u.a. (1998), S. 52.

[379] Vgl. HEFFERNAN, S. (1996), S. 241 und S. 242.

[380] 1978 existierte das *unit banking* als Restriktion noch in 11 US-amerikanischen Bundesstaaten (vgl. SÜCHTING, J. (1992), S. 244); ab 1995 ist diese Beschränkung vollständig aufgehoben (vgl. hierzu HUBBARD, R.G. (1997), S. 355).

[381] Vgl. HUBBARD, R.G. (1997), S. 354-355.

[382] Vgl. HEFFERNAN, S. (1996), S. 241. Zu einer umfassenden Auseinandersetzung mit dieser Thematik vgl. O.V. (1981).

[383] Unter die Gruppe der depositennehmenden Institute werden hier die *Commercial Banks* und die *Thrift Institutions* subsumiert.

[384] Quellen: NATIONAL CREDIT UNION ADMINISTRATION (1996), U.S. FEDERAL DEPOSIT INSURANCE CORPORATION (1996) zitiert nach U.S.-BUREAU OF THE CENSUS (1997), S. 514, Tabelle 783, eigene Berechnungen. Im folgenden ist bei Zahlenangaben, die das Bankensy-

stellen (Hauptstellen, Filialen und Zweigstellen) jedoch weist das US-amerikanische Bankensystem eine vergleichsweise geringere Bankstellendichte auf. Bei insgesamt 93.868 Bankstellen in den USA entfallen ca. 3,5 Stellen auf je 10.000 Einwohner, während bei 70.340 Bankstellen in Deutschland ca. 8,5 Bankstellen je 10.000 Einwohnern gegenüberstehen.[385] Ferner zeichnet sich der amerikanische Bankensektor durch eine vergleichsweise niedrigere Konzentration aus,[386] was eindeutig ein Ergebnis des engen regulativen Rahmens ist.

(c) Umgehungsversuche bezüglich der Bankenregulierung

Als Antwort auf die Vielzahl von Restriktionen, die im Laufe der Zeit dem US-amerikanischen Bankensystem auferlegt wurden, wurde von den Commercial Banks versucht, diese durch die Gründung von *Bank Holding Companies* zu umgehen.[387] Die *Bank Holding Companies* stellen Einheiten dar, die Banken, welche regulativen Restriktionen unterworfen sind, und unregulierte Unternehmen einschließen.[388] Diese Struktur ermöglicht es ihnen, Kontrollrechte in verschiedenen Bankinstituten zugleich aber auch in verschiedenen Bundesstaaten zu erwerben. Eine Beteiligung an solchen Bankholdinggesellschaften eröffnete den Commercial Banks die Möglichkeit, sich in Leistungsbereichen zu betätigen, die eher Domäne der Investment Banks sind, und außerdem andere Finanzierungswege außer dem Depositengeschäft in Anspruch zu nehmen (z.B. durch Ausgabe von *commercial papers*).[389]

Die regulativen Beschränkungen waren anfangs nur bei der Errichtung von Filialen oder Tochtergesellschaften von Banken anwendbar, die sich gänzlich im

---

stem der USA betreffen, bis auf weiteres von der Verwendung der gleichen Quellen auszugehen.

[385] Quellen: Für die USA: U.S.-BUREAU OF THE CENSUS (1997), S. 514, Tabellen 783 und 784 (die *Credit Unions* wurden als Teilgruppe der *Thrift Institutions* lediglich mit deren Hauptstellen zugerechnet, da sie keine Filialen bzw. Zweigstellen unterhalten; vgl. hierzu GRILL, W./ GRAMLICH, L./ ELLER, R. (1995), S. 216); für Deutschland: KLEIN, D.K.R. (1998), S. 64; eigene Berechnungen.

[386] Vgl. Frankel, A.B./ Montgomery, J.D. (1991), S. 281.

[387] Vgl. SÜCHTING, J. (1992), S. 244 sowie HARTMANN-WENDELS, T. (1998), S. 52.

[388] Vgl. hierzu JACKSON, H.E. (1998), S. 232

[389] Vgl. MISHKIN, F.S. (1997), S. 269-270

Eigentum eines Bankinstitutes befanden.[390] In dieser Hinsicht haben sich die *Bank Holding Companies* als erfolgreicher Umgehungsversuch erwiesen; dies hat zu ihrem raschen Wachstum geführt. Als Reaktion darauf hat die amerikanische Gesetzgebung versucht, diese Gesellschaften zu legalisieren und durch den *Bank Holding Company Act* von 1956 deren Aktivitäten, die bis dann unreguliert blieben, einer Regulierung zu unterwerfen. Mit der Gesetzesnovelle von 1970 wurde auch eine striktere Kontrolle der *Bank Holding Companies* durch das *Federal Reserve System* eingeführt.[391]

2.1.2.2. Regulierungsbehörden und Bankenaufsicht

Durch die Novellierung des *Bank Holding Company Act* im Jahre 1970 wurde die Zuständigkeit der Zentralbank (des Fed) auf dem Gebiet der Bankenregulierung erweitert. Sie beschließt sich grundsätzlich in der Liquiditätsversorgung der Geschäftsbanken zur Bewältigung von Bankkrisen (*lender of last resort*-Funktion)[392] und der Beaufsichtigung der depositennehmenden Banken, die einen Federal Charter besitzen[393].

Auch in Bezug auf die Bankenaufsicht wird in den USA das *Dual Banking*-Prinzip angewandt.[394] Obwohl die amerikanischen Banken i.d.R. Objekt einer mehrfachen Überwachung durch verschiedene Aufsichtsbehörden sind,[395] wird grundsätzlich zwischen der Aufsicht von *State Chartered* und von *Federal Chartered Banks* unterschieden. Der *Comptroller of the Currency* ist für die Bankenaufsicht auf nationaler Ebene zuständig. In bestimmten Fällen kann (wie bereits erwähnt) diese Aufsicht auch durch den *Federal Reserve* erfolgen. Der Letztgenannte besitzt auch die Kompetenz zur Überwachung der *State Member*

---

[390] Vgl. HEFFERNAN, S. (1996), S. 240.

[391] Vgl. HEFFERNAN, S. (1996), S. 240.

[392] Vgl. HUBBARD, R.G. (1997), S. 373.

[393] Vgl. HUMMEL, D./ STEDEN, P. (1999), S. 1921.

[394] Vgl. HARTMANN-WENDELS, T. (1998), S. 53.

[395] Die Darlegungen betreffen hier die Regulierung von Commercial Banks. Die Thrift Institutions werden vom Office of Thrift Supervision (die Credit Unions von der National Credit Union Administration) und die Investment Banks von der Securities and Exchange Commission überwacht. Vgl. HUMMEL, D./ STEDEL, P. (1999), S. 1921 und S. 1922.

Banks. Die Aufsicht der *State Chartered Banks* wird von den Aufsichtsbehörden der einzelnen Staaten vorgenommen.[396]

2.1.2.3. Einlagensicherung

Der Gedanke einer Depositenversicherung kam in den USA als Folge der Grossen Depression der 30er Jahre, während der mehr als ein Drittel der amerikanischen Banken zusammenbrachen.[397]

Die Institution der *Federal Deposit Insurance Corporation* verkörpert zwei regulativen Funktionen. Zum einen ist sie für die Einlagensicherung in den USA zuständig; zum anderen beaufsichtigt sie die versicherten Institute.[398] Der Beitritt dem Einlagensicherungssystem ist für Mitgliedsbanken des *Federal Reserve System* vorgeschrieben. Sonstige Banken können dem System beitreten, falls sie gewissen Kriterien entsprechen.[399]

Die bisher dargelegten Sachverhalte deuten auf einen eindeutig engeren regulativen Rahmen der Bankentätigkeit und eine viel komplexere Ablauforganisation des Bankensystems in den USA hin. Der Hintergrund der umfangreichen Regulierungen, die Furcht von Bankzusammenbrüchen, hat zudem zu mehrfachen Überschneidungen der Regulierungskompetenzen und der Aufsichtsmaßnahmen geführt.[400] Doch in der Realität haben konjunkturbedingte Kreditausfälle die Stabilitätslage von Commercial Banks und Thrift Institutions schon einige Male in Turbulenzen gestürzt.[401]

Die Diskussion über die Tauglichkeit und Wettbewerbsfähigkeit des amerikanischen Trennbankensystems im Umfeld fortschreitender Globalisierung und Liberalisierung des Bankwesens wird immer häufiger ins Leben gerufen. Darauf

---

[396] Vgl. SÜCHTING, J. (1992), S. 244.

[397] Vgl. HUBBARD, R.G. (1997), S. 351.

[398] Vgl. SÜCHTING, J. (1992), S. 244.

[399] 97% der amerikanischen Depositenbanken oder 99,8% aller Einlagen in den USA sind bei der *Federal Deposit Insurance Corporation* versichert. Vgl. hierzu HEFFERNAN, S. (1996), S. 235.

[400] Vgl. Hummel,D./ Steden, P. (1999), S. 1921.

[401] Die Zahl der Bankzusammenbrüche in den USA stieg von 10 im Jahr 1981 auf mehr als 1.000 Ende der 80er Jahre. Quelle: HEFFERNAN, S. (1996), S. 99.

und auf die resultierenden Implikationen für die Rolle der Banken soll in einem breiteren Umfang als Abschluß dieses Teils der Arbeit eingegangen werden.

Neben den gravierenden Unterschieden, die die Finanzsysteme in Deutschland und den USA hinsichtlich der Organisation und der Regulierung des Banken-sektors aufweisen, sind auch deutliche Diskrepanzen in Hinblick auf die Cha-rakteristika der heimischen Finanzmärkte zu verzeichnen. Im folgenden sollen diese Unterschiede anhand eines direkten Vergleichs verdeutlicht werden.

2.2. Entwicklungsstand der Finanzmärkte

Hinsichtlich des Niveaus der Wirtschaftsleistung zählt Deutschland zu den füh-renden Industrienationen der Welt. Im internationalen Vergleich werden jedoch die deutschen Finanzmärkte in Anbetracht der Wirtschaftsentwicklung Deutsch-lands meistens als „unterentwickelt" bezeichnet.[402] Vor dem Hintergrund der Evidenz über den Entwicklungsstand der US-amerikanischen Finanzmärkte wird diese Bezeichnung besonders plausibel.

2.2.1. Die Aktienmärkte

Die oben genannte Einschätzung ist insbes. für den deutschen Aktienmarkt zu-treffend. Tabelle III.1 faßt Zahlenangaben über die wichtigsten Entwicklungsin-dikatoren des deutschen und des amerikanischen Aktienmarktes für den Zeit-raum 1986-1993 zusammen.

---

[402] Vgl. u.a. ALLEN, F./ GALE, D. (1993), S. 6 sowie MONOPOLKOMMISSION (1998), S. 18.

Tabelle III.1: Indikatoren der Aktienmarktentwicklung in Deutschland und den USA, 1986-1993 (Durchschnitte)[403]

Indikator	Deutschland	USA
Marktkapitalisierung[1]	0,24	0,64
Handelsvolumen[2]	0,35	0,41
Zahl börsennotierter Unternehmen	551	7087
Turnover[3]	1,47	0,65
Volatilität[4]	0,04	0,03
Marktkonzentration[5]	0,41	0,14

1) Verhältnis des Kurswertes der börsennotierten inländischen Aktien zum nominalen Bruttoinlandsprodukt;
2) Verhältnis des Wertes der börsengehandelten inländischen Aktien zum nominalen Bruttoinlandsprodukt;
3) Verhältnis des Handelsvolumens zur Marktkapitalisierung;
4) Schätzwert der Standardabweichung des Marktumsatzes auf zwölfmonatiger Basis;
5) Anteil der zehn größten börsennotierten Unternehmen an der Marktkapitalisierung.

Der Grad der Kapitalisierung des deutschen Aktienmarktes betrug in diesem Zeitraum durchschnittlich 24%. Bis 1996 wurde ein Anstieg auf 27% beobachtbar.[404] Im Vergleich zur Kapitalisierung der amerikanischen Aktienbörsen kann man jedoch auch dieses Niveau gering einschätzen; die Marktkapitalisierung in den USA lag im gleichen Jahr bei 122% (resp. bei 64% für den Zeitraum 1986-1993).

Der Anteil des Handelsvolumens der deutschen Aktienbörsen am nominalen Bruttoinlandsprodukt fällt mit 35% im Durchschnitt für den Zeitraum 1986-1993 nicht viel niedriger aus als der korrespondierende Wert in den USA – durchschnittlich 41% für die gleiche Periode. Dieser Sachverhalt samt der niedrigen Aktienmarktkapitalisierung bedingen den deutlich höheren Turnover deutscher Aktien (1,47 bei 0,65 in den USA).

---

[403] Quelle: DEMIRGÜC-KUNT, A./ LEVINE, R. (1996), S. 296-297.

[404] Zahlen, die nicht in Tabelle III.1 enthalten sind, werden nach MONOPOLKOMMISSION (1998), S. 18-19 zitiert. Quellen: DEUTSCHE BUNDESBANK (1997b), S. 28; DEUTSCHE BUNDESBANK (1997c), S. 17ff. sowie DEUTSCHE BÖRSE AG (1996).

Die amerikanischen Aktienbörsen zeichnen sich des weiteren durch einen freieren Marktzugang für anlagewillige Investoren und kapitalsuchende Unternehmen aus als der Aktienmarkt in Deutschland. Dies wird in dreierlei Weise deutlich.

Davon spricht als Erstes die vergleichsweise höhere Zahl börsennotierter Unternehmen in den USA, die im Jahr 1993 7.087 betrug und bis Ende 1996 auf 7.740
stieg (bei entsprechend 551 resp. 681 börsennotierten Unternehmen in Deutschland). Im Rahmen der letzten fünf Jahre bis 1996 gingen in Deutschland lediglich 77 neue Unternehmen an die Börse, während die Zahl amerikanischer Erst-
emissionen für den gleichen Zeitraum fast das 40-fache (3.000) betrug.

Als Zweites kommt die geringere Konzentration des amerikanischen Aktienmarktes in Betracht. Während die zehn größten deutschen Aktiengesellschaften,
die an der Börse gehandelt werden, 41% des Aktienmarktes darstellen, entfallen
auf die zehn größten börsennotierten Unternehmen in den USA nur 14% vom
Markt.

Als Letztes läßt sich die Akzeptanz der Aktie als Anlageinstrument in den beiden Ländern vergleichen. Mit 21% war der Anteil der Aktionäre an der amerikanischen Bevölkerung Anfang der 90er Jahre fast viermal so hoch wie der korrespondierende Anteil in Deutschland (5,5%).

Wie Tabelle III.2 zeigt, wird der Aktienmarkt in den USA als Finanzierungsquelle nicht nur von nichtfinanziellen Unternehmen aktiv genutzt. Starke Präsenz auf dem Aktienmarkt weisen auch die amerikanischen Finanzinstitutionen
(vor allem *Mutual Funds* und *Consumer Finance Companies*) auf. Auch Banken
greifen auf den Aktienmarkt als Möglichkeit zur Diversifikation ihrer Portefeuil-
lerisiken zurück.[405]

---

[405] Vgl. ALLEN, F./ GALE, D. (1993), S. 13.

Tabelle III.2: Anteile an den Brutto-Aktienemissionen in Deutschland und den USA, 1986, 1991 und 1996 (in %)[406]

Institution/Sektor	Deutschland			USA		
	1986	1991	1996	1986	1991	1996
Private nichtfinanzielle Unternehmen	79,4	76,0	93,8	50,4	69,4	64,7
Finanzinstitutionen	20,6	24,0	6,2	49,6	30,6	35,3
Summe	100	100	100	100	100	100

Die nationalen Aktienmärkte in Deutschland und den USA zeigen sich in einem Aspekt sehr ähnlich; mit Werten jeweils von 0,04 und 0,03 erscheint ihre Volatilität sehr gering (vgl. Tabelle III.1).

2.2.2. Die Terminmärkte

Im Vergleich zu den USA befinden sich auch die Futures- und Optionsmärkte in Deutschland in einem frühen Entwicklungsstadium.[407] In diesem Zusammenhang besitzen die amerikanischen Terminmärkte einen großen zeitlichen Vorsprung und nähern sich hinsichtlich ihrer Relevanz sehr eng an die Aktien- und Anleihemärkte in den USA an.[408]

2.2.3. Die Anleihemärkte

Hinsichtlich der Relevanz der nationalen Anleihemärkte in Deutschland und den USA lassen sich gewisse Ähnlichkeiten feststellen.

---

[406] Quelle: OECD (1989, 1997), Tabellen D.1/01 und D.1/07, eigene Berechnungen.

[407] Die Eröffnung der ersten deutschen Börse für den Handel mit Futures und Optionen fand erst 1990 statt. Vgl. ALLEN, F./ GALE, D. (1993), S. 7.

[408] Vgl. ALLEN, F./ GALE, D. (1993), S. 12.

Tabelle III.3: Anteile an den Brutto-Anleiheemissionen in Deutschland und den USA, 1986, 1991 und 1996 (in %)[409]

Institution/Sektor	Deutschland			USA		
	1986	1991	1996	1986	1991	1996
Bund	25,2	28,5	19,8	44,1	48,3	44,6
Länder/Staaten und Gemeinden	3,4	2,1	2,7	6,0	5,4	4,0
Öffentliche nichtfinanzielle Unternehmen	3,1	3,2	--	12,0	9,7	7,7
Private nichtfinanzielle Unternehmen	0,3	0,2	0,2	15,2	16,7	11,1
Finanzinstitutionen	68,0	66,0	77,3	21,8	18,5	29,8
Rest der Welt	--	--	--	0,9	1,4	2,8
Summe	100	100	100	100	100	100

Neben der Tatsache, daß die deutschen Anleihemärkte im Vergleich zu anderen heimischen Finanzmärkten von größerer Bedeutung und stärker entwickelt sind,[410] werden sie im Zeitverlauf wie die Anleihemärkte in den USA hauptsächlich von zwei großen Anleiheemittenten dominiert: der Bundesregierung und den Finanzinstitutionen (vgl. Tabelle III.3). Auffallend ist jedoch der vergleichsweise geringere Anteil der deutschen nichtfinanziellen Unternehmen am gesamten Anleihevolumen. Ende 1996 lag dieser bei 0,2% bei resp. 11,1% in den USA.

2.2.4. Gründe für die Unterentwicklung der deutschen Finanzmärkte

In diesem Abschnitt interessiert die Frage nach den Gründen für die offensichtlich schwächere Entwicklung der Finanzmärkte in Deutschland und vor allem des deutschen Aktienmarktes. Die Antwort dieser Frage soll auch Aufschluß über die dadurch bedingte Relevanz anderer Finanzinstitutionen, insbes. die der deutschen Banken, geben. Die weniger starke Regulierung des deutschen Bankensektors scheint lediglich ein Grund dafür zu sein. Darüber hinaus lassen sich weitere regulative, steuerliche und i.a. institutionelle Gründe erwähnen, die die

---

[409] Quelle: OECD (1989, 1997), Tabellen D.1/01 und D.1/07, eigene Berechnungen.
[410] Vgl. hierzu ALLEN, F./ GALE, D. (1993), S. 7.

Zurückhaltung deutscher Privatinvestoren und Unternehmen vor einer aktiveren direkten Teilnahme an Finanzmarkttransaktionen erklären sollen.[411]

An erster Stelle ist die in Deutschland zu verzeichnende Abneigung bzgl. der Formen unvermittelter Anlage und Finanzierung historisch bedingt.[412] Bis Anfang der 90er Jahre wurde kapitalsuchenden Unternehmen der Zugang zu den Kapitalmärkten durch langwierige Genehmigungsprozeduren, zahlreiche Formalitäten und nicht zu vernachlässigende Steuer- und Gebührenlasten in erheblichem Umfang erschwert.[413] Diese Regelungen waren im Vergleich zu den einst in den USA existierenden viel beschränkender in ihrer Wirkung und außerdem ist ihre Auflockerung in Deutschland wesentlich später erfolgt.[414]

Des weiteren sind anlagewillige (Klein-)Investoren gezwungen, wegen fehlender gesetzlicher Regelungen, die ihnen eine größere Transparenz und Sicherheit am Markt verschaffen würden, auf die Dienstleistungen der Banken zurückzugreifen. Zum einen ist dies auf die schwachen Insiderregelungen zurückzuführen.[415/416] Zum anderen impliziert das Fehlen strengerer Publizitätspflichten für Unternehmen steigende Kosten der Informationsbeschaffung, die insbes. Kleinanleger wegen Unkenntnis der jeweiligen Unternehmenssituation vor einem Markteintritt abhalten können.[417] Die Kostenlast steigt durch die beim Handel mit Wertpapieren anfallenden Steuern und Gebühren zusätzlich an.[418]

Darüber hinaus wird die Entwicklung der deutschen Wertpapiermärkte in erheblichem Umfang von den Kreditinstituten determiniert. Diese spielen an privaten sowie an öffentlich-rechtlichen Börsen in Deutschland eine führende Rol-

---

[411] Vgl. MONOPOLKOMMISSION (1998), S. 19-20.

[412] Vgl. PROWSE, S. (1994), S. 24.

[413] Vgl. hierzu PROWSE, S. (1998), S. 27 sowie S. 26, Tabelle 4.

[414] Vgl. hierzu PROWSE, S. (1998), S. 28.

[415] Vgl. ALLEN, F./ GALE, D. (1993), S. 6.

[416] Durch das Zweite Finanzmarktförderungsgesetz von 26. Juli 1994 wurden die EG-Insiderrichtlinie und die EG-Transparenzrichtlinie in das deutsche Recht aufgenommen. Dadurch wurden die Insiderregeln in Deutschland wesentlich verschärft. Vgl. MONOPOLKOMMISSION (1998), S. 39.

[417] Vgl. PROWSE, S. (1994), S. 24 und S. 28-29 sowie MONOPOLKOMMISSION (1998), S. 22.

[418] Vgl. MONOPOLKOMMISSION (1998), S. 24.

le.[419] Banken sind in den Aufsichtsräten von Börsengesellschaften und in den Börsenräten stark vertreten, was ihnen organisatorische Einflußmöglichkeiten verschafft.[420] Des weiteren sind potentielle Börsenkandidaten durchweg auf die Leistungen der Kreditinstitute angewiesen. Die Einschaltung eines Kreditinstituts ist beim Börsengang eines Unternehmens in Deutschland zwingend und/oder praktisch erforderlich.[421] Die Unternehmen machen dadurch ihre Emissionsentscheidungen von den geschäftspolitischen Interessen der Banken abhängig.[422]

Ferner erweist sich die deutsche Gesetzgebung hinsichtlich der steuerlichen Behandlung innovativer Finanzinstrumente als nicht besonders innovationsfördernd. Die anfallende hohe Steuerlast begrenzt die Durchsetzbarkeit solcher Instrumente.[423]

Die dargestellten Sachverhalte lassen vermuten, daß nichtfinanzielle Unternehmen in Deutschland viel öfter und viel stärker auf die Finanzierungsleistungen der Banken zurückgreifen, als dies in den USA der Fall ist. Diese Fragestellung wird im nächsten Kapitel der Arbeit umfassend aufgegriffen.

3. Finanzierungsstruktur nichtfinanzieller Unternehmen und Bankkredite

Der Finanzierungsstruktur eines Unternehmens wird in Bezug auf Unternehmensleistung und Unternehmenswert große Bedeutung beigemessen.[424] Im folgenden wird der Schwerpunkt der Betrachtung auf den Umfang gesetzt, in dem Finanzmärkte versus Banken in den Finanzsystemen in Deutschland und den USA zur Unternehmensfinanzierung beitragen.

---

[419] So z.B. sind Banken mit 81% an der Deutschen Börse AG beteiligt. Quellen: KLEIN, D.K.R. (1998), S. 71 sowie MONOPOLKOMMISSION (1998), S. 99.

[420] Vgl. MONOPOLKOMMISSION (1998), S. 101.

[421] Vgl. DEUTSCHE BUNDESBANK (1997b), S. 35.

[422] Vgl. MONOPOLKOMMISSION (1998), S. 101.

[423] Der Futures- und Optionshandel z.B. wird steuerlich der Gruppe der Glücksspiele zugerechnet. Vgl. hierzu ALLEN, F./ GALE, D. (1993), S. 7.

[424] Vgl. BORIO, C.E.V. (1990), S. 7.

Tabelle III.4: Konsolidierte Bilanz nichtfinanzieller Unternehmen - Deutschland und USA, 1980, 1984, 1989 und 1994 (in % der Bilanzsumme)[425]

Bilanzposition	Deutschland				USA			
	1980	1984	1989	1994	1980	1984	1989	1994
A. Aktiva								
A.1. Sachvermögen	55,2	52,8	50,5	45,8	73,6	72,3	69,2	64,6
A.2. Förderungsvermögen	41,8	43,3	49,1	53,8	26,0	27,0	30,0	34,1
A.2.1. kurzfristiges Förderungsvermögen	34,0	34,4	37,4	38,1	17,1	20,1	23,0	25,1
A.2.2. langfristiges Förderungsvermögen	7,8	8,9	11,7	15,7	8,9	6,9	7,0	9,0
A.3. Sonstige Aktiva[1]	3,0	3,9	0,4	0,4	0,4	0,7	0,8	1,3
Bilanzsumme	100	100	100	100	100	100	100	100
B. Passiva								
B.1. Eigenmittel[2]	34,3	36,2	39,0	39,7	68,2	64,2	54,1	48,4
B.2. Verbindlichkeiten	60,0	56,8	60,6	59,9	31,8	35,8	45,9	51,6
B.2.1. kurzfristige Verbindlichkeiten	42,8	40,5	44,6	44,7	16,9	19,9	22,8	24,9
darunter: gegenüber Kreditinstituten[3]	9,9	9,2	9,5	8,8	5,2	6,7	7,2	7,0
B.2.2. Langfristige Verbindlichkeiten	17,2	16,3	16,0	15,2	14,9	15,9	23,1	26,7
darunter: gegenüber Kreditinstituten[4]	10,9	10,8	9,7	9,4	<5,7	<5,6	<9,1	<9,8
B.3. Sonstige Passiva[5]	5,7	7,0	0,4	0,4	--	--	--	--
Bilanzsumme	100	100	100	100	100	100	100	100
Nachrichtlich: Verschuldungsgrad[6] (in %)	174,9	156,9	155,4	150,9	46,6	55,8	84,8	106,6

1) Für Deutschland: Rechnungsabgrenzungsposten; für die USA: Central Government Securities;

2) Eigenkapital, Rücklagen, Verlustvorträge und Rückstellungen;

3) Die Angaben für Deutschland basieren auf Daten der DEUTSCHEN BUNDESBANK (1992, 1993, 1996);

---

[425] Quelle: OECD (1996), S. 38-39, Tabelle E.1 und S. 118-119, Tabelle E.1.; DEUTSCHE BUNDESBANK (1992), S. 24-25; DEUTSCHE BUNDESBANK (1993), S. 22-23; DEUTSCHE BUNDESBANK (1996), S. 50-51, eigene Berechnungen.

4) Die Angaben für Deutschland basieren auf Daten der DEUTSCHEN BUNDESBANK (1992, 1993, 1996). Die Angaben für die USA präsentieren den Anteil der langfristigen Kredite, darunter auch Bankkredite, an der Bilanzsumme; die Werte stellen in diesem Zusammenhang die Anteilsobergrenze der Verpflichtungen gegenüber Kreditinstituten dar;

5) Für Deutschland: Rechnungsabgrenzungsposten; für die Jahre 1980 und 1984 einschließlich aufgelaufener Abschreibungsrücklagen;

6) Definiert als Verhältnis von Verbindlichkeiten zu gesamten Eigenmitteln (*debt/equity ratio*).

3.1. Vergleich von Bestandsdaten aus den Unternehmensbilanzen

Als Ausgangspunkt läßt sich die Art der Finanzierung - Eigen- versus Fremdfinanzierung, die nichtfinanzielle Unternehmen in den beiden Volkswirtschaften stärker in Anspruch nehmen, anhand ihrer Kapitalstruktur (*debt/equity ratio*) erkennen.[426] Im internationalen Vergleich gelten die deutschen Unternehmen in dieser Hinsicht als stark verschuldet[427] bzw. als eigenkapitalschwach[428].

Die Analyse in diesem Abschnitt beruht auf einem Vergleich von *Bestandsdaten* aus den konsolidierten Bilanzen nichtfinanzieller Unternehmen in Deutschland und den USA. Die Daten sind in Tabelle III.4 präsentiert. Daraus wird leicht ersichtlich, daß der deutsche Unternehmenssektor zwischen 1980 und 1994 in stärkerem Maße auf Fremdmittel als Finanzierungsquelle als auf Eigenmittel angewiesen war. Besonders ausgeprägt ist dieser Sachverhalt in Anbetracht der Summe der kurzfristigen Verbindlichkeiten deutscher Unternehmen, die einen deutlich größeren Teil der Bilanzsumme als die Gesamtheit der langfristigen Verpflichtungen in dieser Periode ausmachte. Der Verschuldungsgrad[429] der deutschen Unternehmen betrug 1980 mit 174,9% fast das 4-fache dessen des

---

[426] Vgl. BORIO, C.E.V. (1990), S. 7.

[427] Vgl. Edwards, J./ Fischer, K. (1994), S. 50 sowie Borio, C.E.V. (1990).

[428] Vgl. MONOPOLKOMMISSION (1998), S. 34.

[429] Der Verschuldungsgrad wird meistens als der Fremdkapitalanteil an der Gesamtfinanzierung definiert (vgl. hierzu SCHMIDT, R.H./ TERBERGER, E. (1996), S. 236), was bei der vorliegenden Untersuchung weitgehend mit Position B.2 in Tabelle III.4 übereinstimmt. Der Begriff wird hier jedoch als Synonym für Kapitalstruktur (*debt/equity ratio*) oder *leverage* verwendet.

US-amerikanischen Unternehmenssektors im gleichen Jahr (46,6%). Bis 1994 ist dieser Unterschied stark geschrumpft. Während die entsprechende Kennzahl in Deutschland am Ende des betrachteten Zeitraumes 150,9% betrug, stieg der Verschuldungsgrad der US-amerikanischen Unternehmen auf 106,6%. Dieser Anstieg ist einerseits der starken rückläufigen Tendenz bei den Eigenmitteln, andererseits dem starken Aufwärtstrend bei den Verbindlichkeiten zu verdanken. Die Anteile dieser beiden Positionen an der Bilanzsumme der US-amerikanischen Unternehmen weisen eine Veränderung von rund 20% auf.

Ähnlich wie bei den Kapitalstrukturen verhielt sich auch der Unterschied zwischen den Anteilen der Bankkredite an den Bilanzsummen der Unternehmenssektoren in den beiden Ländern. Ende 1980 bildeten Bankkredite beinahe 21% der konsolidierten Unternehmensbilanz in Deutschland, während die korrespondierende Kennzahl in den USA bei weniger als 11% lag. Bis 1994 ist dieser Anteil bei den deutschen Unternehmen auf etwas über 18% gesunken. In den USA lag das Niveau der Bankkredite am Ende der Periode unter 17% der Bilanzsumme.

Solch ein internationaler Vergleich, der Daten aus den Unternehmensbilanzen als komparative Grundlage benutzt, wird jedoch in der Literatur oft kritisiert. Zum einen existieren unterschiedliche Möglichkeiten, die Verschuldung der Unternehmen als Verhältnis verschiedener Bilanzpositionen zu definieren.[430] Dies kann dazu führen, daß Untersuchungen, die auf unterschiedlichen Definitionen basieren, diametral entgegengesetzte Ergebnisse erreichen.[431] Zum anderen lassen unterschiedliche nationale Bilanzierungsvorschriften bzw. unterschiedliche Bewertungsmethoden Bedenken über die Genauigkeit der Zahlenergebnisse zu.[432/433] Deshalb sollen im folgenden Vergleichsmethoden herangezogen werden, die in dieser Hinsicht allgemein verläßlichere Ergebnisse liefern.

---

[430] Vgl. hierzu RAJAN, R.G./ ZINGALES, L. (1995), S. 1427-1429.

[431] RAJAN und ZINGALES zeigen anhand verschiedener *leverage*-Konzepte, daß dadurch Ergebnisse erzielt werden können, die eine geringere *leverage* der deutschen Unternehmen im Vergleich zu den amerikanischen nachweisen. Vgl. RAJAN, R.G./ ZINGALES, L. (1995), insbes. S. 1432-1433.

[432] Vgl. hierzu EDWARDS, J./ FISCHER, K. (1994), S. 50-51 sowie RAJAN, R.G./ ZINGALES, L. (1995), S. 1425-1426.

3.2. Vergleich der Netto-Finanzierungsströme nichtfinanzieller Unternehmen

Die oben genannten Verzerrungen bei der Verwendung von Bestandsdaten aus den Unternehmensbilanzen vermindern sich, wenn man statt dessen Daten über die *Finanzierungsströme* der Unternehmensinvestitionen im deutschen Finanzsystem mit solchen über die Finanzierungsströme im amerikanischen Finanzsystem vergleicht.[434] Daraus werden Quelle und Einsatz der Finanzierungsmittel in einem bestimmten Zeitintervall ersichtlich. So läßt sich leicht feststellen, wie die Unternehmensinvestitionen in diesem Zeitintervall finanziert wurden, wobei die Analyse auf vergleichbaren Vermögensbewertungen basiert und von Abschreibungsplänen unbeeinflußt bleibt.[435] Ein Teil der Finanzierungsmittel wird jedoch auch in Finanz- und nicht nur in Sachvermögenswerten investiert. Beim Betrachten von *Netto-Finanzierungsströmen* der Unternehmensinvestitionen werden die in einem bestimmten Zeitintervall erworbenen Finanzvermögenswerte vom Anstieg der Summe der korrespondierenden Verbindlichkeitspositionen subtrahiert. Dadurch wird die Finanzierung der *Sachinvestitionen* in der betrachteten Periode gemessen.[436] Für die Überlegenheit dieser Vorgehensweise spricht des weiteren die sich daraus ergebende Möglichkeit, dadurch den Beitrag der Innenfinanzierung zur Gesamtfinanzierung aufzuzeigen.[437]

3.2.1. Untersuchung von MAYER

MAYER (1988) untersucht für den Zeitraum 1970-1985 die Netto-Finanzierungsströme der Sachinvestitionen in Deutschland und den USA unter drei ande-

---

[433] Der Leser wird darauf hingewiesen, daß die Daten, die die vorliegende Untersuchung verwendet, möglichst vergleichbar gemacht worden sind.

[434] Vgl. hierzu CORBETT, J./ JENKINSON, T. (1996), S. 73-74 sowie MAYER, C. (1988), S. 1172.

[435] Vgl. EDWARDS, J./ FISCHER, K. (1994), S. 51-52.

[436] Vgl. CORBETT, J./ JENKINSON, T. (1996), S. 74-75. Obwohl die bei dieser Vorgehensweise resultierenden Ergebnisse die Rolle mancher Finanzierungsformen unterschätzen mögen (vgl. hierzu auch EDWARDS, J./ FISCHER, K. (1994), S. 52), erscheint diese Methode geeigneter, bestehende Unterschiede in den Vermögensbewertungen zwischen Deutschland und den USA zu mildern (vgl. hierzu CORBETT, J./ JENKINSON, T. (1996), S. 76).

[437] Vgl. Rajan, R.G./ Zingales, L. (1995), S. 1439.

ren Industriestaaten (Frankreich, Japan und Großbritannien). Die Ergebnisse der Untersuchung für Deutschland und die USA sind in Abbildung III.3 dargestellt.

Abbildung III.3: Netto-Finanzierung der privaten Sachinvestitionen nichtfinanzieller Unternehmen – Deutschland und USA, 1970-85 (Durchschnitte)[438]

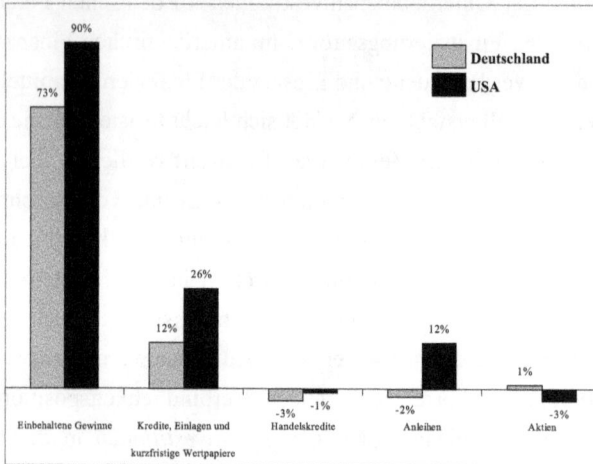

Die Untersuchung zeigt eindeutig, daß Innenfinanzierung die Hauptfinanzierungsquelle für private Unternehmensinvestitionen in den beiden Volkswirtschaften darstellt. Ihr Anteil für den Berichtszeitraum betrug im Durchschnitt 73,0% in Deutschland und 90,0% in den USA. Im Bereich der Netto-Außenfinanzierung sind sowohl die deutschen als auch die amerikanischen Unternehmen auf die Finanzierungsleistungen der Banken stark angewiesen.

Kennzeichnend für die USA ist der hohe Anteil der Anleiheemissionen an der Netto-Finanzierung des nichtfinanziellen Unternehmenssektors: 12,0% bei –2,0% in Deutschland. Die US-amerikanischen Aktienmärkte leisteten jedoch im Durchschnitt einen negativen Beitrag. Die Rolle der deutschen Aktienmärkte blieb im betrachteten Zeitraum unbedeutend gering.

---

[438] Quelle: MAYER, C. (1988), S. 1174, Abbildung 2.

3.2.2. Untersuchung von FRANKEL und MONTGOMERY

FRANKEL und MONTGOMERY (1991) vergleichen u.a. die Anteile an der Netto-Außenfinanzierung nichtfinanzieller Unternehmen in Deutschland und den USA, die auf Bankkredite resp. Wertpapieremissionen (Aktien und Anleihen) im jeweiligen Land entfallen.[439] Als Vergleichsgrundlage dienen die Durchschnitte für fünf Zeitintervalle von 1965-1969 bis 1985-1989. Die beobachteten Entwicklungen der Finanzierungsstrukturen sind in Abbildung III.4 veranschaulicht.

Abbildung III.4: Anteile von Wertpapieremissionen versus Bankkrediten an der Netto-Außenfinanzierung der Sachinvestitionen nichtfinanzieller Unternehmen – Deutschland und USA, 1965-89 (Fünfjahresdurchschnitte)[440]

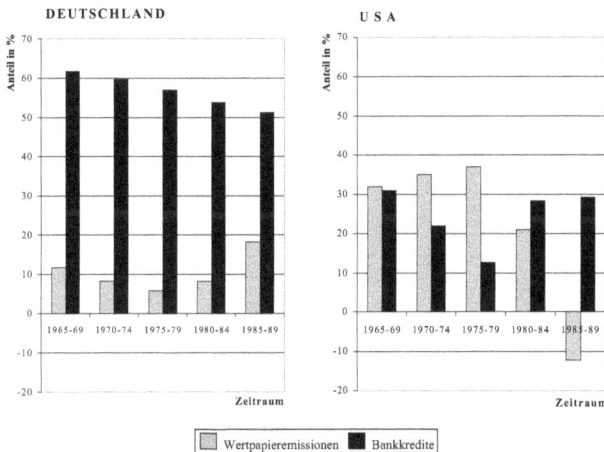

Während der Anteil der Bankkredite in Deutschland über den gesamten Berichtszeitraum allmählich sank, jedoch stets mehr als die Hälfte der Außenfinanzierung betrug, nahm der Anteil der Wertpapieremissionen zwischen 1965 und

---

[439] Die Untersuchung verwendet Daten der DEUTSCHEN BUNDESBANK und des FEDERAL RESERVE BOARD.

[440] Quelle: FRANKEL, A.B./ MONTGOMERY, J.D. (1991), S. 267, Abbildung 6.

1979 stets ab, um dann im Verlauf der 80er Jahre stark anzusteigen. Die Bank-kredite in Deutschland betrugen jedoch immerhin mehr als das 2-fache der auf den Wertpapiermärkten beschaffenen Mittel. In der zweiten Hälfte der 80er Jah-re machten Anleihe- und Aktienemissionen beinahe ein Fünftel der Außenfinan-zierung in Deutschland aus.

Die in den USA beobachtete Entwicklung zeichnet ein ganz anderes Bild. Zwi-schen 1965 und 1979 haben Bankkredite für die Netto-Außenfinanzierung der amerikanischen Unternehmen mehr als die Hälfte an Bedeutung verloren. In der zweiten Hälfte der 70er Jahre lag ihr Anteil zwischen 10% und 15%. Im glei-chen Zeitabschnitt behielten Wertpapieremissionen ihre Priorität als Finanzie-rungsquelle; ihr Anteil an der Netto-Außenfinanzierung stieg bis 1979 um unge-fähr 5%, blieb jedoch weiterhin unterhalb der 40%-Marke. Während der restli-chen Dauer der Berichtsperiode erreichte der Anteil der Bankkredite fast ihr ur-sprüngliches Niveau von ungefähr 30% der Netto-Außenfinanzierung, wobei der Nettobeitrag der Wertpapieremissionen sehr steil sank; in der zweiten Hälfte der 80er Jahre unterschritt er sogar die Marke von –10%.[441]

3.2.3. Untersuchung von CORBETT und JENKINSON

Etwas detaillierter in Bezug auf die Trennung zwischen Innenfinanzierung und den einzelnen Formen der Außenfinanzierung ist die Analyse von CORBETT und JENKINSON (1996). Wie in den beiden vorangegangenen Untersuchungen wer-den auch hier die Netto-Finanzierungsströme nichtfinanzieller Unternehmen in Deutschland und den USA verglichen.[442] Der betrachtete Zeitraum von 1970 bis 1989 stimmt größtenteils mit dem in den anderen zwei Untersuchungen überein. Die Ergebnisse sind in Tabelle III.5 präsentiert.

Auch CORBETT und JENKINSON weisen eindeutig nach, daß Innenfinanzierung die am stärksten präferierte Finanzierungsform in den beiden Volkswirtschaften

---

[441] Verantwortlich für die beobachtete „Anomalie" (vgl. LITAN, R.E. (1991), S. 21) ist die große Zahl von Unternehmensrestrukturierungen in den USA während der 80er Jahre. Bank-kredite wurden als Finanzierungsquelle für die Aktienrückkäufe notleidender Unternehmen sehr stark nachgefragt. Vgl. FRANKEL, A.B./ MONTGOMERY, J.D. (1991), S. 268.

[442] Die Untersuchung benutzt Daten der DEUTSCHEN BUNDESBANK, des FEDERAL RESERVE SYSTEM und der OECD.

darstellt. Zwischen 1970 und 1989 stieg der Anteil der Innenfinanzierung an der Netto-Gesamtfinanzierung des nichtfinanziellen Unternehmenssektors sowohl in Deutschland – von 68,6% auf 89,1% - als auch in den USA – von 74,5% auf 103,7% - an. Ihr Anteil für den gesamten Zeitraum betrug im Durchschnitt 80,6% in Deutschland resp. 91,3% in den USA.

Tabelle III.5: Netto-Finanzierungsquellen nichtfinanzieller Unternehmen – Deutschland und USA, 1970-89 (in % der Gesamtfinanzierung)[443]

Finanzierungs-quelle	Deutschland[1]					USA				
	1970-1989	1970-1974	1975-1979	1980-1984	1985-1989	1970-1989	1970-1974	1975-1979	1980-1984	1985-1989
Innenfinanzierung	80,6	68,6	82,8	79,8	89,1	91,3	74,5	91,5	89,6	103,7
Bankfinanzierung	11,0	15,7	8,2	11,1	9,3	16,6	26,6	14,1	12,9	15,0
Anleihen	-0,6	1,9	-2,8	-2,1	0,4	17,1	15,7	14,9	10,9	24,8
Aktien	0,9	0,7	0,5	-0,5	2,4	-8,8	7,3	0,7	-4,8	-29,6
Handelskredite	-1,9	-1,4	-1,5	-2,8	-1,8	-3,7	-2,8	-5,4	-1,7	-4,7
Kapitaltransfers[2]	8,5	6,3	9,5	9,7	8,4	--	--	--	--	--
Sonstige	1,5	8,3	3,2	4,7	-7,9	-3,8	-10,8	-8,7	-0,6	1,8
Nachrichtlich: Statistische Anpassung	0,0	0,0	0,0	0,0	0,0	-8,7	-10,5	-7,1	-6,3	-11,0

1) Der deutsche Unternehmenssektor schließt alle öffentlichen Unternehmen ein.

2) Die Kapitaltransfers in Deutschland beinhalten intern generierte Finanzierungsmittel öffentlicher Unternehmen, wie der Bundesbahn und der Bundespost, sowie Preissubventionen, die diese und andere Industrien wie die Kohlenindustrie, der Schiffbau und die Landwirtschaft, erhalten. Diese Kategorie ist von geringerer Bedeutung für den privaten Unternehmenssektor.

Die Zunahme des Beitrags der Anleiheemissionen zur Netto-Finanzierung der US-amerikanischen Unternehmen von 15,7% auf 24,8% wurde von einem Rückgang in der Bedeutung der Bankfinanzierung von 26,6% auf 15,0% begleitet. Die bis Anfang der 80er Jahre andauernde rückläufige Tendenz in der Bedeutung der Bankkredite in den USA scheint jedoch in der letzten Teilperiode der Untersuchung unterbrochen zu sein.

Überraschend trägt die Bankfinanzierung in Deutschland mit durchschnittlich 11,0% in geringerem Umfang zur Netto-Finanzierung der Unternehmensinvesti-

[443] Quelle: CORBETT, J./ JENKINSON, T. (1996), S. 77-84, Zusammenfassung aus Tabellen I, III und IV.

tionen bei, als dies in den USA für den betrachteten Zeitraum der Fall ist (16,6%). Der Anteil der Bankkredite an der Netto-Finanzierung der Unternehmensinvestitionen in Deutschland sank zwischen der ersten und der letzten Teilperiode von 15,7% auf 9,3%. Dieser Rückgang ist zum größten Teil auf die verstärkte Inanspruchnahme der Innenfinanzierung zurückzuführen.

Die Kapitalmärkte blieben trotz gewisser Veränderung ihres Anteils von keiner besonderen Relevanz für die Netto-Finanzierung der deutschen Unternehmen.[444] In den USA fiel ihr Anteil an der Netto-Investitionsfinanzierung von 23,0% auf –4,8%, was eindeutig auf den bereits in den vorher betrachteten Untersuchungen erwähnten negativen Nettobeitrag der Aktienmärkte in den 80er Jahren zurückzuführen ist.

3.3. Vergleich der Anteile der Bankkredite am nominalen Bruttoinlandsprodukt

In Anbetracht der bisher gemachten Darlegungen besteht kein Zweifel, daß die Rolle der Banken für die Unternehmensfinanzierung in Deutschland anderes Ausmaß annimmt, als dies in den USA der Fall ist. Es wurde auch deutlich, daß bestehende Unterschiede im Zeitverlauf stark variieren können. Die Ergebnisse in verschiedenen Untersuchungen können (nicht nur zahlenmäßig) voneinander abweichen. In diesem Zusammenhang läßt sich bei einem internationalen Vergleich der Bedeutung des Bankensektors für die Unternehmensfinanzierung ein wenig problematischer Maßstab anwenden. Dieser wird als Verhältnis des Volumens der Bankkredite an private nichtfinanzielle Unternehmen zum nominalen Bruttoinlandsprodukt errechnet.[445]

Hinsichtlich dieser Kennzahl zeichnen sich die Banken in Deutschland durch einen höheren Beitrag zur Unternehmensfinanzierung aus als die Banken in den USA. Im Jahre 1986 betrug das Verhältnis in Deutschland 0,866 bei resp. 0,709

---

[444] Der größte Anteil der Aktien- bzw. der Anleiheemissionen an der Netto-Finanzierung der deutschen Unternehmen wurde 1986 mit 5,9% resp. 4,0% erreicht. Vgl. CORBETT, J./ JENKINSON, T (1996), S. 85.

[445] Vgl. Rajan, R.G./ Zingales, L. (1995), S. 1445.

in den USA.[446] Auch die Durchschnitte von jeweils 1,80 und 1,42 für den Zeitraum 1986-1994 bestätigen diesen Tatbestand.[447]

3.4. Gründe für die festgestellten Unterschiede in den Finanzierungsstrukturen

Resümierend gilt festzuhalten, daß der größte Teil des Netto-Finanzierungsbedarfs nichtfinanzieller Unternehmen sowohl in Deutschland als auch in den USA durch Inanspruchnahme intern generierter Finanzierungsmittel (Innenfinanzierung) gedeckt wird. Obwohl die Bankfinanzierung in Deutschland an Bedeutung verliert, bleiben Bankkredite die Hauptfinanzierungsquelle im Bereich der Außenfinanzierung. Kapitalmärkte spielen eine verhältnismäßig geringe und relativ gleichbleibende Rolle.

In Anbetracht des Nettobeitrags der Aktienemissionen zur Finanzierung der amerikanischen Unternehmen hat die Relevanz der Kapitalmärkte auch in den USA stark abgenommen. Die Anleihemärkte bleiben jedoch eine der wichtigsten Finanzierungsquellen für amerikanische nichtfinanzielle Unternehmen. Obwohl Bankfinanzierung in den USA nicht so bedeutend ist wie in Deutschland, machen Bankkredite einen signifikant großen Anteil an der Außenfinanzierung aus. In dieser Hinsicht macht sich ab Anfang der 80er Jahre sogar ein Aufschwung in der Bedeutung der Bankfinanzierung in den USA beobachtbar.

In Hinblick auf die festgestellten Unterschiede läßt sich nicht nur die unterschiedliche Stärke der Regulierung der Finanzsektoren, i.e. der Bankensysteme, als Grund nennen. Daneben wirken sich auch die Art und Weise, auf die die verschiedenen Finanzierungsformen in den beiden Ländern steuerlich behandelt werden, und der Umfang, in dem die Gläubigerinteressen im jeweiligen System rechtlich geschützt sind, auf das Maß aus, in dem Innenfinanzierung, Bankkredite oder andere Formen der Außenfinanzierung beansprucht werden.[448]

Außenfinanzierung über Kredite sowie Innenfinanzierung werden von den Unternehmen in Deutschland aus steuerlichen Gründen vor der Finanzierung durch

---

[446] Quelle: RAJAN, R.G./ ZINGALES, L. (1995), S. 1448, Tabelle VIII.

[447] Quelle: DEMIRGÜC-KUNT, A./ LEVINE, R. (1996), S. 310-311, Tabelle 5.

[448] Vgl. RAJAN, R.G./ ZINGALES, L. (1995), S. 1441-1445.

112

Aktienemissionen bevorzugt.[449] Darüber hinaus ist die deutsche Gesetzgebung stärker auf den Schutz der Kreditgeberinteressen ausgerichtet.[450] Im Gegensatz zu den USA können dinglich gesicherte Gläubiger in Deutschland auch nach Anmeldung eines Konkurses ihre Ansprüche geltend machen. Lediglich die Ansprüche ungesicherter Gläubiger werden mit der Konkursanmeldung ausgesetzt.[451] Dieser Sachverhalt kann als positiver Anreiz für Banken angesehen werden, sich in dauerhaften Kreditbeziehungen mit den Unternehmen zu engagieren, was für Deutschland als typisch angesehen wird.[452] Dies bietet wiederum den Unternehmen die Möglichkeit, trotz vorhandener, intern generierter Finanzierungsmittel, leichter Bankkredite als Finanzierungsquelle zu benutzen.[453] Das kann sich insbes. dann als entscheidend erweisen, wenn Gründungs- oder Expansionsvorhaben von Unternehmen vorliegen oder aber die Notwendigkeit von Bewältigung finanzieller Unternehmenskrisen besteht.[454]

4. Banken und Corporate Governance

Wie bereits bei der theoretischen Behandlung der Rolle der Banken deutlich wurde, können Banken auf die Corporate Governance-Strukturen nichtfinanzieller Unternehmen maßgeblich einwirken. Ihr Einflußpotential resultiert hauptsächlich aus *Beteiligungen* am Unternehmenskapital (insbes. am stimmberechtigten Eigenkapital), *Präsenz in den Kontrollgremien* (Aufsichtsrat bzw. Board of Directors) sowie aus der Möglichkeit, neben den Stimmen aus dem eigenen Anteilsbesitz auch *Stimmen im Auftrag* von Aktionären auszuüben.

Ob sich die Banken in solchen Aktivitäten engagieren würden, hängt einerseits von ihrem geschäftspolitischen Interesse, andererseits aber auch davon ab, ob das regulative Umfeld, innerhalb dessen sie operieren, dies zuläßt. Im folgenden

[449] Vgl. DEUTSCHE BUNDESBANK (1997b), S. 34 und S. 35.
[450] Vgl. DEUTSCHE BUNDESBANK (1997b), S. 35.
[451] Vgl. RAJAN, R.G./ ZINGALES, L. (1995), S. 1446, Tabelle VII.
[452] Vgl. FISCHER, K. (1990), S. 4.
[453] Dafür spricht auch die Tatsache, daß es Unternehmen leichter gelingt, einer oder mehreren Banken Informationen über die aktuelle Unternehmenssituation zu übermitteln, als einem breiten (aktuellen und potentiellen) Aktionärenkreis im Falle einer Aktienemission. Vgl. hierzu DEUTSCHE BUNDESBANK (1997b), S. 35.
[454] Vgl. Edwards, J./ Fischer, K. (1994), S. 69.

konzentrieren sich die Darstellungen (aus plausiblen Gründen) umfassender auf die Corporate Governance-Rolle der Banken in Deutschland.

4.1. Das Kontroll- und Einflußpotential der Banken im deutschen Universalbankensystem

4.1.1. Die Fakten

Die Banken in Deutschland zeichnen sich durch ihre enge Beziehung zu nichtfinanziellen Unternehmen aus. Dazu bedienen sie sich der ganzen Palette der bereits angesprochenen Kontroll- und Einflußinstrumente: von Eigenkapitalbeteiligungen über Depotstimmrecht bis hin zu Aufsichtsratspräsenz. Somit haben die deutschen Geschäftsbanken ein erhebliches Einflußpotential im Bereich der Unternehmenskontrolle erlangt.[455] Die in dieser Hinsicht enorm gewachsene Relevanz der deutschen Banken wurde nicht selten auch als Machtpotential und Gefahrenquelle für die Bankkunden und die Stabilität des Finanzsystems bezeichnet.[456]

4.1.1.1. Banken als Anteilseigner

Zahl und Größe der Beteiligungen

Wie bei der Behandlung der regulativen Regelungen der Bankentätigkeit in Deutschland deutlich wurde, stoßen die deutschen Banken in Bezug auf Beteiligungserwerb in anderen Wirtschaftszweigen im Grunde genommen auf keine gesetzlichen Hindernisse. Im Vergleich zu den Banken (*Commercial Banks*) in den USA besitzen sie einen deutlich höheren Anteil am Gesamtumlauf der Aktien in der Volkswirtschaft. Ende 1995 belief er sich auf 10,3%, während die korrespondierende Zahl in den USA bei lediglich 0,2 % lag (vgl. Tabelle III.6).

Bei etwa der Hälfte des Aktienbesitzes der deutschen Banken handelt es sich um Beteiligungen, zwei Drittel von denen außerhalb des Bankensektors erworben worden sind.[457] (Gerade diese Beteiligungen stehen auch im Mittelpunkt der

---

[455] Vgl. Frankel, A.B./ Montgomery, J.D. (1991), S. 285.

[456] Zur Kritik an den deutschen Banken vgl. u.a. MONOPOLKOMMISSION (1998), S. 102-120 sowie O.V. (1995). Zur Gegenkritik siehe z.B. WEBER, M. (1995).

[457] Vgl. DEUTSCHE BUNDESBANK (1997b), S. 39.

Kritik an den Banken in Deutschland.[458]) Der Anteil der zehn größten deutschen Kreditinstitute am gesamten Nominalkapital der Aktiengesellschaften innerhalb des Nichtbanken-Sektors nahm jedoch zwischen 1976 und 1994 kontinuierlich ab. Ende 1994 betrug er nur noch 0,4%, während er sich im Jahre 1986 auf 0,7% belief und im Jahre 1976 bei 1,3% lag.[459]

Tabelle III.6: Anteile am Gesamtumlauf an Aktien in Deutschland und den USA, Ende 1995 (in %)[460]

Sektor/Institution	Deutschland	USA
Nichtfinanzielle Sektoren	61,0	51,4
Private Haushalte	14,6	36,4
Unternehmen	42,1	15,0
Öffentliche Haushalte	4,3	0,0
Finanzielle Sektoren	30,3	44,5
Banken	10,3	0,2
Versicherungen und Pensionsfonds	12,4	31,3
Investmentfonds und sonstige Finanzinstitutionen	7,6	13,0
Rest der Welt	8,7	4,2
Summe	100	100

Tabelle III.7 gibt Auskunft über die Entwicklung des Anteilsbesitzes der zehn größten deutschen Banken zwischen 1976 und 1994. Die Zahl der Beteiligungen, die über 10% des Nominalkapitals der Unternehmen ausmachen, stieg absolut von 129 im Jahre 1976 auf 135 im Jahre 1994. Der Rückgang der Zahl zwischen 1976 und 1986 wurde durch einen starken Anstieg vor allem im Zeitraum von 1989 bis 1994 überkompensiert. Dabei wurden meistens Beteiligungen von mehr als 25% abgebaut und solche zwischen 10% und 25% neu erworben.

Die Entwicklungen innerhalb der einzelnen Größenklassen der Beteiligungen werden aus den Zahlenangaben für die Gruppe der börsennotierten Unternehmen leichter ersichtlich.

---

[458] Vgl. CAMMAN, H./ ARNOLD, W. (1987), S.121 sowie MONOPOLKOMMISSION (1998), S. 102.

[459] Quelle: Bundesverband deutscher Banken (1995), S. 442.

[460] Quelle: DEUTSCHE BUNDESBANK (1997b), S. 29. Die Zahlenangaben für die USA basieren auf Daten des BOARD OF GOVERNORS und des FEDERAL RESERVE SYSTEM.

Zwischen 1976 und 1994 ging jedoch die Zahl der Beteiligungen der zehn größten privaten Banken an *börsennotierten* Gesellschaften stets zurück. Ende 1994 betrug sie weniger als die Hälfte des ursprünglichen Niveaus von 77 Beteiligungen am Anfang der Betrachtungsperiode.

Tabelle III.7: Anteilsbesitz der 10 größten Banken in Deutschland an Nichtbanken, 1976-1994[461]

Größenklassen der Beteiligungen	Bestand (Stichtag)							
	31.12.1976[1)]		31.12.86		31.08.89		31.12.94	
	absolut	in %	absolut	in %	absolut	in %	absolut	in %
Alle Unternehmen								
davon: mehr als 10% bis 25%	43	33,3	47	52,8	63	62,4	77	57,0
mehr als 25% bis 50%	67	51,9	33	37,1	29	28,7	43	31,9
mehr als 50%	19	14,7	9	10,1	9	8,9	15	11,1
Summe	129	100	89	100	101	100	135	100
Börsennotierte Unternehmen								
davon: mehr als 10% bis 25%	17	22,1	19	41,3	23	60,5	19	63,3
mehr als 25% bis 50%	49	63,6	23	50,0	12	31,6	8	26,7
mehr als 50%	11	14,3	4	8,7	3	7,9	3	10,0
Summe	77	100	46	100	38	100	30	100

1) Die Zahlen entstammen einer im Jahre 1987 durchgeführten Erhebung. Die restlichen Angaben beruhen auf 1995 publizierten Daten.

Selbst in der Zeit nach der deutschen Wiedervereinigung (im Jahre 1990), auf die der stärkste Anstieg der Gesamtzahl der Beteiligungen entfällt[462], wurden mehr Beteiligungen an börsennotierten Unternehmen verkauft als neu erworben. Sogar bei Anteilen zwischen 5% und 10% war nach Ablauf des Jahres 1994 ein Rückgang von mehr als 18% festzustellen.[463]

---

[461] Quelle: CAMMAN, H./ ARNOLD, W. (1987), S. 121, Tabelle 1; BUNDESVERBAND DEUTSCHER BANKEN (1995), S. 443, Tabelle 1.
[462] Vgl. Bundesverband deutscher Banken (1995), S. 442.
[463] Quelle: Bundesverband deutscher Banken (1995), S. 442.

116

Obwohl die meisten der präsentierten Zahlen von relativ kleinem und vor allem sinkendem Anteilsbesitz der deutschen Banken sprechen, existieren weiterhin zahlreiche Kapitalverflechtungen zwischen den Kreditinstituten im deutschen Bankensystem, die beim Zusammenrechnen der Bankenbeteiligungen einen signifikanten Einfluß auf andere Unternehmen erlauben.[464]

Motive der Beteiligungskäufe deutscher Banken

Das ursprüngliche Motiv, das Kreditinstitute in Deutschland dazu brachte, Anteile an nichtfinanziellen Unternehmen in großem Umfang zu erwerben, war die Sicherung der vergebenen Kredite. Die Weltwirtschaftskrise Ende der 20er Jahre führte zu Liquiditätsschwierigkeiten auch bei den Debitoren deutscher Banken. Um ihre Forderungspositionen aufrechtzuerhalten, waren die Banken gezwungen, die an Unternehmen vergebenen Kredite zu Eigenkapitalbeteiligungen umzuwandeln.[465]

Für den Beteiligungserwerb der Banken in Deutschland während der 70er, 80er und 90er Jahre sind vor allem andere Gründe maßgebend. Tabelle III.8 faßt zusammen die wichtigsten Motive für die zwischen 1976 und 1986 und zwischen 1989 und 1994 getätigten Bankenbeteiligungen.

Tabelle III.8: Zahl und Motive der Beteiligungskäufe der 10 größten deutschen Banken, 1976-86 und 1989-94[466]

Zeitraum	Käufe Insgesamt	darunter: Abwehr von Überfremdungen	Sicherung von Krediten	Kapitalanlage	Unterstützung von kapitalschwachen mittelständischen Unternehmen	Plazierungszwecke	Sanierungserwerb	Sonstige Gründe	Verkäufe (Nachrichtlich) Insgesamt
1976-86	20	1	1	6	5	5	--	2	63
1989-94	73	--	2	6	16	12	1	15	39

---

[464] Vgl. MONOPOLKOMMISSION (1998), S. 93-94, hier S. 103.

[465] Vgl. hierzu POHL, M. (1986), S. 92.

[466] Quelle: CAMMAN, H./ ARNOLD, W. (1987), S.122, Tabelle 5; BUNDESVERBAND DEUTSCHER BANKEN (1995), S. 442.

Im Zeitraum 1976-1986 sind Kapitalanlage, Plazierungszwecke und Unterstützung kapitalschwacher mittelständischer Unternehmen die Hauptmotive, die
Banken für ihren Anteilserwerb angeben. Bei den 20 Beteiligungskäufen, die in
dieser Periode stattfanden, nennen die zehn größten deutschen Banken nur einmal die Sicherung der von ihnen vergebenen Kredite als Grund dafür.

Für die Zeit zwischen 1989 und 1994 stehen 39 Anteilsverkäufen 73 Beteiligungskäufe gegenüber, bei denen am häufigsten Plazierungszwecke und Unterstützung kapitalschwacher mittelständischer Unternehmen die maßgeblichen
Motive waren. Die Sicherung von Krediten wird lediglich zweimal als Motiv
genannt. Kennzeichnend für diese Periode ist auch die große Zahl sonstiger
Gründe für den Beteiligungserwerb der Banken. Darunter fallen unter anderem
Wachstumsfinanzierung, Privatisierung und Finanzierungsalternative für nichtfinanzielle Unternehmen in den neuen Bundesländern.[467] Die letztgenannten
Motive stehen in engem Zusammenhang mit dem aktiven Engagement der deutschen Banken im Aufbauprozeß der ostdeutschen Wirtschaft nach der Wiedervereinigung.

4.1.1.2. Bankvertreter im Aufsichtsrat

Analogien zwischen Aufsichtsrat und Board of Directors

Die Institution des Aufsichtsrates existiert in der Struktur der deutschen Aktiengesellschaften seit 1861.[468] Mit dem Erlaß des deutschen *Aktiengesetzes* im
gleichen Jahr wurden leitende und überwachende Funktion in den Unternehmen
institutionell getrennt. Die im Gesetz festgelegte Aufgabe des Aufsichtsrates
bezieht sich lediglich auf die Überwachung der unternehmensleitenden Institution des Vorstandes.[469] Somit unterscheidet sich die rechtliche Gestaltung des
Vorstandssystems der deutschen Aktiengesellschaften von deren des Boardsy-
stems der US-amerikanischen.[470]

In der Praxis aber entwickelte sich der Aufsichtsrat in Deutschland zu einem
Organ, das hinsichtlich seiner tatsächlichen Engagements im Unternehmen sehr

---

[467] Vgl. Bundesverband deutscher Banken (1995), S. 442.
[468] Vgl. GUTENBERG, E. (1970), S. 2.
[469] Vgl. GUTENBERG, E. (1970), S. 2.
[470] Vgl. hierzu STRATOUDAKIS, P. (1961).

stark dem Verwaltungsrat in den deutschen Aktiengesellschaften vor 1861 und dem US-amerikanischen Board of Directors ähnelt.[471]

Board und Aufsichtsrat beraten das (*Top Executive*) Management, entscheiden über dessen Besetzung und besitzen Mitspracherechte und Entscheidungskompetenzen in Bezug auf die Unternehmensführung.[472] GUTENBERG faßt in diesem Zusammenhang zusammen:

„Die führungstechnischen Notwendigkeiten zwingen zu gewissen sich sehr ähnelnden Verhaltensweisen und Verfahren. Sie führen zu gleichartigen Strukturen im Vorstandssystem nach deutschem und im Boardsystem nach amerikanischem Recht."[473]

Aufsichtsratsmandate der Banken

Das Ausmaß der Bankenpräsenz in den Aufsichtsräten der größten Aktiengesellschaften in Deutschland sei, nach Meinung von Bankenvertretern, in der Öffentlichkeit oft überschätzt.[474] Diese Behauptung begründen auch Daten aus durchgeführten Erhebungen bzgl. der Aufsichtsratszusammensetzung der 100 größten deutschen Aktiengesellschaften. Die Daten sind in Tabelle III.9 präsentiert.

---

[471] Vgl. GUTENBERG, E. (1970), S. 2.
[472] Vgl. hierzu GUTENBERG, E. (1970), S. 6-8.
[473] GUTENBERG, E. (1970), S. 8.
[474] Vgl. Bundesverband deutscher Banken (1995), S. 442.

Tabelle III.9: Aufteilung der Aufsichtsratsmandate in den 100 größten deutschen Aktiengesellschaften, 1986, 1988, 1992 und 1993[475]

	Bestand							
	1986		1988		1992		1993	
Gruppe	absolut	in %	absolut	in %	absolut	in %	absolut	in %
Arbeitnehmervertreter	520	35,	542	36,	519	35,	549	35,
Vertreter der Gewerkschaften	197	13,	187	12,	191	12,	211	13,
Vertreter der Wirtschaft	368	25,	385	25,	385	26,	427	27,
Vertreter privater Banken	114	7,8	104	7,0	103	7,0	99	6,3
Vertreter anderer Kreditinstitute	51	3,5	57	3,8	49	3,3	53	3,4
Rechtsanwälte und Notare	147	10,	152	10,	153	10,	155	9,9
Politiker und Beamte	69	4,7	69	4,6	80	5,4	67	4,3
Summe	1466	100	1496	100	1480	100	1561	100

Entgegen der konventionellen Auffassung zeigen die Daten, daß die Zahl der Bankangehörigen (aus öffentlichen und privaten Instituten), im Vergleich zum Präsenzumfang anderer sozialer und wirtschaftlicher Bereiche, nicht nur absolut sondern auch anteilsmäßig gering ausfällt. Der Bankenanteil fiel von 11,3% im Jahre 1986 – nach 10,8% im Jahre 1988 und 10,3% im Jahre 1992 – auf 9,7% im Jahr 1993. Zum größten Teil ist dieser Rückgang auf die sinkende Zahl der Aufsichtsratsmandate, die auf private Banken entfallen, zurückzuführen. Private Kreditinstitute besaßen 1993 lediglich 6,3% der insgesamt 1561 Aufsichtsratsmandate der 100 größten Aktiengesellschaften.

Da mehr als 50% der Stimmen im Kontrollgremium notwendig seien, um Entscheidungen wirksam beeinflussen zu können,[476] schiene die Bankenpräsenz, so Bankenvertreter, in dieser Hinsicht mit keinem maßgeblichen Einfluß verbunden

---

[475] Quelle: BUNDESVERBAND DEUTSCHER BANKEN (1995), S. 443, Tabelle 2, eigene Berechnungen.

[476] Bereits im Jahre 1951 wurde durch das deutsche *Mitbestimmungsgesetz* eine Paritätsregel für die Besetzung der Aufsichtsratsmandate von Unternehmen in bestimmten Wirtschaftssektoren festgelegt. Damit sollte Arbeitnehmern und Anteilseignern die gleiche Stimmacht gewährt werden (vgl. GUTENBERG, E. (1970), S. 8). Mit demselben Argument haben sich in den 70er Jahren die Gewerkschaften in Deutschland um allgemein stärkere Vertretung der Arbeitnehmer in den Aufsichtsräten bemüht (vgl. BUNDESVERBAND DEUTSCHER BANKEN (1995), S. 443).

zu sein.[477] Bankenkritiker aber sehen in der Aufsichtsratspräsenz der Banken „bedeutende Einflußmöglichkeiten gegenüber dem überwiegenden Teil der deutschen Großunternehmen"[478], die in einem engen Zusammenhang mit dem Beteiligungsbesitz und dem Depotstimmrecht der Kreditinstitute stünden.[479]

4.1.1.3. Vollmachtsstimmrechte der Banken (*Depotstimmrecht*)

Depotverwaltende Banken in Deutschland sind berechtigt, ihre Depotkunden auf Hauptversammlungen der Aktiengesellschaften zu vertreten und in deren Namen abzustimmen.[480] Die Banken erhalten dazu schriftliche Vollmachten, deren Gültigkeit bis zu 15 Monaten betragen kann.[481] Die Befolgung eventuell erteilter Weisungen ist bindend.[482]

Bezüglich der direkten Stimmabgabe herrscht in Deutschland eine Art „Apathie" der (Klein-)Aktionäre. Diese kommt in zweierlei Weise zum Ausdruck. Zum einen ist eine starke rückläufige Tendenz in der Hauptversammlungspräsenz der Publikumsgesellschaften zu beobachten. Der Rückgang bei den 11 größten nichtfinanziellen Publikumsgesellschaften für den Zeitraum 1975-1994 beträgt mehr als 18% im Durchschnitt. (Vgl. hierzu Tabelle A.1 im Anhang.) Zum anderen werden lediglich 1% bis 3% der Vollmachtsstimmen mit einer Weisung der Aktionäre erteilt. Dies erlaubt es den bevollmächtigten Banken, die Stimmberechtigung nach eigenen Vorstellungen auszuüben.[483]

Die Ausübung von Depotstimmrechten geht nicht unbedingt mit eigenem Anteilsbesitz der Banken einher.[484] Der größte Teil der Vollmachtsstimmrechte ist jedoch in den Händen von Großbanken konzentriert, die oft auch Anteile an den jeweiligen Unternehmen besitzen. Der Anteil der Auftragsstimmrechten an der Gesamtzahl der umlaufenden Aktien eines Unternehmens übersteigt selten

---

[477] Vgl. WEBER, M. (1995), S. 197.

[478] BÖHM, J. (1992), S. 222.

[479] Vgl. BÖHM, J. (1992), S. 222.

[480] Vgl. MONOPOLKOMMISSION (1998), S. 105.

[481] Vgl. MONOPOLKOMMISSION (1998), S. 110.

[482] Vgl. MONOPOLKOMMISSION (1998), S. 105.

[483] Vgl. MONOPOLKOMMISSION (1998), S. 105.

[484] Vgl. GORTON, G./ SCHMID, F.A. (1996), S. 8 sowie Tabelle A.2 im Anhang.

25%.[485] Die Vollmachtsstimmrechte und damit die allgemein von Banken ausgeübten Stimmrechte bilden jedoch, wie eine Erhebung für das Jahr 1992 zeigt, einen beträchtlichen Teil aller auf den Hauptversammlungen der 24 größten Aktiengesellschaften vertretenen Stimmrechte. Dieser macht sehr oft einen Anteil daran von mehr als 90% aus. Dies gilt mit fast gleichem Gewicht für Unternehmen des Finanzsektors sowie für nichtfinanzielle Unternehmen. (Vgl. hierzu Tabelle A.2 im Anhang.)

Diese Sachverhalte und die Tatsache, daß einzelne Kreditinstitute über Sperrminoritäten verfügen und in manchen Fällen sogar die Mehrheit der Stimmen besitzen,[486] lassen ein bedeutendes Durchsetzungspotential des Depotstimmrechts als Einflußinstrument der Banken in Deutschland vermuten. Die ausgeprägte Passivität der Aktionäre bietet, trotz bei Ausübung der Auftragsstimmen vermuteter Verfolgung bankeigener Interessen, bisher keine Alternative bzgl. der Vertretung der Interessen von Kleinanlegern.[487]

4.1.2. Empirische Studien

Die bisher präsentierten Fakten liefern Informationen lediglich darüber, inwieweit Kontroll- und Einflußpotentiale der deutschen Banken außerhalb des Bankensektors vorhanden sind. Die Frage nach den Implikationen des Einsatzes des beschriebenen Instrumentariums für die Performance der beeinflußten Unternehmen blieb im Rahmen der vorliegenden Arbeit bisher offen. In der Literatur ist diese Fragestellung jedoch zu einem breiten empirischen Forschungsgebiet geworden. Im folgenden sollen anhand einiger empirischer Studien die Auswirkungen des Einflusses deutscher Banken auf die Performance bankendominierter Unternehmen untersucht werden.

4.1.2.1. Studie von CABLE

Der Zusammenhang zwischen Bankeneinfluß und Unternehmensperformance in Deutschland wurde zum ersten Mal von CABLE (1985) empirisch untersucht. Die

---

[485] Quelle: GORTON, G./ SCHMID, F.A. (1996), S. 8-9 sowie BAUMS, T. (1996), S. 12, Tabelle 2.
[486] Vgl. hierzu BAUMS, T. (1996), S. 12.
[487] Vgl. MONOPOLKOMMISSION (1998), S. 111.

Studie verwendet Daten über die im Jahr 1970 hundert größten deutschen Aktiengesellschaften; analysiert werden insgesamt 48 ausgewählte Unternehmen. Der Einfluß von Banken wird an ihrer Aufsichtsratspräsenz, den von ihnen ausgeübten Stimmen und dem Anteil der Bankkredite an der Summe der Unternehmensverbindlichkeiten gemessen. Als Kennzahl für die Unternehmensperformance dient das Verhältnis des Jahresüberschusses eines Unternehmens zu dessen Bilanzsumme und wird als Fünfjahresdurchschnitt für den Untersuchungszeitraum 1968-1972 errechnet.

Laut CABLE kann sich der Bankeneinfluß in dreierlei Weise auf die Unternehmensperformance auswirken:[488]

(1) Die Aufsichtsratspräsenz von Banken baut Informationsasymmetrien ab und trägt somit zu besseren Kreditkonditionen für die Unternehmen bei. Samt den von Banken ausgeübten Stimmrechten hat das eine disziplinierende Wirkung auf das Unternehmensmanagement im Sinne der Aktionäre;

(2) Die Aufsichtsratspräsenz von Banken erleichtert das Knüpfen von Kartellbeziehungen zwischen Unternehmen und erhöht somit deren Marktmacht;

(3) Bankvertreter in den Aufsichtsräten der Unternehmen bringen mit sich spezielle finanzpolitische Kenntnisse und sonstige Fachexpertise, die ansonsten von den Unternehmen nicht erworben werden könnten.

Die Ergebnisse der Studie zeigen, daß von Banken i.a. ein positiver Einfluß auf die Unternehmensperformance hinausgeht.[489] Hinsichtlich der Implikationen, die aus der Ausübung von Stimmrechten durch Banken resultieren, ist dieser Einfluß schwächer ausgeprägt als in Hinblick auf die Wirkung der Aufsichtsratspräsenz von Banken auf die Unternehmensperformance.

Als allererster Versuch, den Zusammenhang zwischen Bankeneinfluß und Unternehmenserfolg aufzuzeigen, ist die Untersuchung von CABLE mit vielen kriti-

---

[488] Vgl. CABLE, J. (1985), S. 121.
[489] Vgl. CABLE, J. (1985), S. 130.

kanfälligen Punkten behaftet. Deshalb sollten die Ergebnisse, so manche Kritiker, nur mit Vorsicht interpretiert werden.[490]

4.1.2.2. Studie von GORTON und SCHMID

GORTON und SCHMID analysieren in einer im Jahr 1996 publizierten Studie die Auswirkungen von Eigenkapitalbeteiligungen und Vollmachtsstimmrechten von Banken und der Existenz von Großaktionären auf die Profitabilität deutscher Unternehmen.[491] Die Autoren untersuchen für zwei Kalenderjahre - 1974 und 1988 - jeweils 88 und 57 Aktiengesellschaften. Als Kennzahlen für die Unternehmensperformance werden die als Zweijahresdurchschnitte errechneten Gesamtkapital- und Eigenkapitalrenditen der Unternehmen herangezogen.

Um die Implikationen des Bankeneinflusses aufzuzeigen testen die Autoren drei alternative Hypothesen:[492]

(1) Die Unternehmensrentabilität ist c.p. mit dem Anteilsbesitz von Banken *positiv* korreliert (*Coincidence-of-Interests Hypothesis*);

(2) Die Unternehmensrentabilität ist c.p. mit dem Anteilsbesitz von Banken *negativ* korreliert (*Opposed-Interests Hypothesis*);

(3) Die Unternehmensperformance ist c.p. zunächst eine fallende, dann eine steigende Funktion des Anteilsbesitzes von Banken. Während die Rentabilität der Unternehmen sinkt, verhalten sich Banken als „*entrenched insiders*" (*Insider Hypothesis*).

Die Analyse für das Jahr 1974 ergibt, daß sich die Performance der untersuchten Unternehmen mit dem Anteilsbesitz von Banken verbessert, während die von Kreditinstituten ausgeübten Depotstimmrechte und die Konzentration von Anteilen in den Händen von Großaktionären, die keine Banken sind, keinen Einfluß auf die Unternehmensprofitabilität ausüben.[493]

---

[490] Zur Würdigung der Studie vgl. z.B. SEGER, F. (1997), S. 144-145 sowie EDWARDS, J./ FISCHER, K. (1994), S. 222-224.
[491] Vgl. Gorton, G./ Schmid, F. A. (1996).
[492] Vgl. GORTON, G./ SCHMID, F. A. (1996), S. 12-13.
[493] Vgl. GORTON, G./ SCHMID, F. A. (1996), S. 30-31.

Die Ergebnisse der Studie für das Jahr 1988 weisen auf einen signifikanten Einfluß der Existenz von Großaktionären (Banken und Nichtbanken) auf die Rentabilität der untersuchten Unternehmen hin. Zwischen einfachem Anteilsbesitz bzw. Vollmachtsstimmrechten von Banken und Unternehmensperformance besteht für das Jahr 1988 kein ausgeprägter Zusammenhang. Dies hängt laut GORTON und SCHMID nicht zuletzt damit zusammen, daß zwischen 1974 und 1988 die deutschen Kapitalmärkte gewachsen sind und Banken ihren Beteiligungsbesitz reduziert haben.[494]

4.1.2.3. Studie von PERLITZ und SEGER

Eine von PERLITZ und SEGER im Jahre 1994 veröffentlichen Arbeit zeigt vollkommen andere Ergebnisse als die bereits betrachteten Studien.[495] Auf der Basis von Jahresabschlußdaten für die Jahre 1990 bis 1992 werden 110 deutsche börsennotierte Aktiengesellschaften nach dem Zusammenhang zwischen Bankeneinfluß und Performance untersucht. Als Komponenten des Einflußpotentials von Banken werden Anteilsbesitz, Depotstimmrechte, Aufsichtsratspräsenz und Kreditvergabe betrachtet. Die untersuchten Unternehmen wurden in zwei Gruppen unterteilt: solche mit *„high potentials of influence"* und andere mit *„low potentials of influence"*. Der ersten Gruppe wurden alle Gesellschaften zugerechnet, die zumindest einen der folgenden Punkte erfüllten:[496]

• Stimmrechtsanteil (Eigen- und Vollmachtsstimmrechte) von Banken auf der Hauptversammlung größer als 50%;

• Bankier als Aufsichtsratsvorsitzender;

• Anteil der Bankschulden an der Bilanzsumme größer als 25%.

Als Maßzahlen für die Performance der Unternehmen dienen die Unternehmensprofitabilität und das Unternehmenswachstum. Sie werden gemessen an: Rendite und Wachstumsrate des Gesamtkapitals sowie des Umsatzes, Eigenkapitalrendite, Return on Investment und Cash Flow der Unternehmen.

---

[494] Vgl. Gorton, G./ Schmid, F. A. (1996), S. 31.
[495] Vgl. Perlitz, M./ Seger, F. (1994).
[496] Vgl. PERLITZ, M./ SEGER, F. (1994), S. 60.

Aus den Ergebnissen der Analyse wird ersichtlich, daß die Unternehmen mit starkem Bankeneinflußpotential eindeutig schlechter abschneiden als jene, die schwach bankenbeeinflußt sind.[497] Die Untersuchung von PERLITZ und SEGER zeigt somit, daß zwischen Bankeneinfluß und Unternehmenserfolg ein negativer Zusammenhang besteht.[498]

Diese Studie ist jedoch zum Objekt zahlreicher methodischer Einwände geworden.[499] Als auffallendster Kritikpunkt erscheint die Tatsache, daß die einzelnen Einflußkomponenten (Anteilsbesitz, Depotstimmrechte, Aufsichtsratspräsenz und Bankkredite) nicht aufgeschlüsselt, sondern als eine einzelne Variable erfaßt wurden.[500]

4.1.2.4. Studie von SEGER

SEGER analysiert in einer 1997 erschienenen Arbeit die Auswirkungen des Einflußpotentials der deutschen Kreditinstitute auf den Erfolg und die Finanzierung von Industrieunternehmen.[501] Er untersucht für den Zeitraum 1990-1992 144 börsennotierte Aktiengesellschaften. Der Bankeneinfluß wird dabei an den Depotstimmrechten, dem Anteilsbesitz, der Kreditvergabe und der Aufsichtsratspräsenz von Banken festgemacht. Bei den Aufsichtsratsmandaten von Banken wird zwischen „einfacher Mitgliedsschaft" und „Sonderstellung des Aufsichtsratsvorsitzenden" unterschieden.[502]

Als Kennziffern für den Unternehmenserfolg dienen Gesamtkapital-, Eigenkapitalrendite, Return on Investment, Rendite und Wachstumsrate des Umsatzes der untersuchten Unternehmen.

---

[497] Vgl. PERLITZ, M./ SEGER, F. (1994), S. 65, Tabelle 12.
[498] Vgl. PERLITZ, M./ SEGER, F. (1994), S. 64.
[499] Zu einer kritischen Auseinandersetzung mit der Studie von PERLITZ und SEGER siehe z.B. LINDNER-LEHMANN, M./ NEUBERGER, D. (1995).
[500] Vgl. BAUMS, T. (1996), S. 25 sowie SCHMID, F.A. (1996), S. 280.
[501] Vgl. SEGER, F. (1997), S. 169-222.
[502] Vgl. SEGER, F. (1997), S. 186.

Die Studie hat folgende Resultate ergeben:[503]

Bis zu einem bestimmten optimalen Wert leistet der Anteilsbesitz von Banken einen zunehmend positiven Betrag zum Unternehmenserfolg. Über diesen Wert hinaus bleibt dieser Beitrag positiv, nimmt jedoch allmählich ab, bis eine kritische Obergrenze erreicht wird. Bankenbeteiligungen, die diese Grenze überschreiten, beeinflussen den Unternehmenserfolg negativ.

Die Depotstimmrechte von Banken und die Existenz von Großaktionären haben keinen signifikanten Einfluß auf die Unternehmensperformance. Die Bankverbindlichkeitenquote beeinflußt den Erfolg der untersuchten Unternehmen eindeutig negativ.[504] Während die einfache Aufsichtsratspräsenz von Banken keinen Erfolgsbeitrag leistet, wirkt sich die Sonderstellung eines Bankvertreters als Aufsichtsratsvorsitzender eindeutig negativ auf die Unternehmensperformance aus.

Für die Corporate Governance-Rolle der deutschen Banken bleibt resümierend festzuhalten: Trotz rückläufiger Tendenz des Umfangs der Beteiligungen und der Aufsichtsratspräsenz der Banken, bleiben die Einflußmöglichkeiten, die das Engagement der Banken im nichtfinanziellen Unternehmenssektor impliziert, weiterhin sehr breit. Am stärksten ausgeprägt ist dieser Sachverhalt in Hinblick auf die Stimmrechte, deren Ausübung Banken überlassen wird. Die Ergebnisse der präsentierten empirischen Studien bzgl. der Auswirkungen des Bankeneinflusses auf die Unternehmensperformance sind jedoch nicht völlig übereinstimmend. Sofern diese Studien den „Bankeneinfluß" nicht einheitlich bewerten, sondern getrennt untersuchen, kommen sie zu dem Ergebnis, daß Anteilsbesitz sich grundsätzlich positiv auswirkt, Aufsichtsratspräsenz und Depotstimmrechte keinen wesentlichen Beitrag zur Unternehmensperformance leisten. Das Letzte hängt sehr wahrscheinlich damit zusammen, daß Banken diesbezüglich kein oder nur sehr schwaches Interesse besitzen.

---

[503] Vgl. SEGER, F. (1997), S. 205-206.

[504] Der Autor weist dabei darauf hin, daß Bankverbindlichkeiten nur bedingt als Einflußpotential zu interpretieren sind. Ihr negativer Erfolgsbeitrag könnte zum einen tatsächlich aus einem negativen Zusammenhang zwischen Höhe der Bankschulden und Unternehmensperformance resultieren, zum anderen kann er aber auf die Tatsache zurückzuführen sein, daß vorwiegend finanziell- und leistungsschwache Unternehmen auf Bankkredite stark angewiesen sind.

4.2. Die Kontroll- und Einflußmöglichkeiten der Banken in den USA

Bankenengagements in Unternehmen außerhalb des finanziellen Sektors, die typisch für das deutsche Finanzsystem sind, sind in den USA eher Seltenheit.[505] Kontrollaktivitäten werden im US-amerikanischen Finanzsystem im Prinzip über die Kapitalmärkte (Markt für *corporate control*) vollzogen. Als Hauptinstrument zur Disziplinierung des Unternehmensmanagement dienen Unternehmensübernahmen bzw. Übernahmeversuche (insbes. *hostile takeovers*[506]).[507] Solche Transaktionen spielen in Deutschland im Bereich der Unternehmenskontrolle so gut wie keine Rolle.[508] Innerhalb der letzten 50 Jahre wurden in Deutschland lediglich fünf Fälle von *hostile takeovers* registriert,[509] der allererste von denen erst 1989 stattfand.[510] Zum Vergleich fanden in den USA innerhalb eines einzigen Jahres (1986) insgesamt 3.300 Unternehmensübernahmen statt, von denen 40 *hostile takeovers* waren.[511]

Vor diesem Hintergrund stellt sich nun die Frage nach dem Beitrag, den Banken (Commercial Banks) in den USA zur Unternehmenskontrolle außerhalb des Finanzsektors leisten.

4.2.1. Banken als Anteilseigner

4.2.1.1. Bankenbeteiligungen an nichtfinanziellen Unternehmen als rechtliche Ausnahme

Bankenbeteiligungen an nichtfinanziellen Unternehmen sind in den USA unter normalen Umständen per Gesetz verboten.[512] Sogar *Bank Holding Companies*

---

[505] Vgl. Frankel, A.B./ Montgomery, J.D. (1991), S. 285.

[506] Als solche gelten grundsätzlich Übernahmeangebote, die vom amtierenden Management des Target-Unternehmens unerwünscht sind. Vgl. FRANKS, J./ MAYER, C. (1990), S. 197, FN 2.

[507] Vgl. FRANKS, J./ MAYER, C. (1990), S. 191.

[508] Vgl. ALLEN, F./ GALE, D. (1993), S. 24.

[509] Vgl. FRANKS, J./ MAYER, C. (1995), S. 187. Zu den vier dort zitierten Fällen muß noch der jüngste Fall „Thyssen - Krupp/ Hoesch" von 1997 gerechnet werden.

[510] Vgl. FRANKS, J./ MAYER, C. (1990), S. 197, FN 2.

[511] Quelle: JENSEN, M.C. (1988), S. 22. Zum Einfluß von Unternehmensübernahmen auf die Performance US-amerikanischer Aktiengesellschaften siehe z.B. MARTIN, K.J./ McCONNELL, J.J. (1991).

[512] Vgl. GILSON, S.C. (1990), S. 364.

stoßen in dieser Hinsicht auf strenge regulative Restriktionen. Für sie liegen die Obergrenzen für Beteiligungen an nichtfinanziellen Unternehmen bei 5% des stimmberechtigten und 25% des nichtstimmberechtigten Aktienkapitals.[513] Ferner dürfen selbst die *Trust Departments* (Vermögensverwaltungsabteilungen) der Commercial Banks lediglich 10% des Aktienkapitals einer Gesellschaft halten.[514]

Im amerikanischen Recht gibt es jedoch Ausnahmen, die den Commercial Banks den direkten Anteilserwerb an nichtfinanziellen Unternehmen in bestimmten Fällen erlauben. Diese gelten ausschließlich bei Abarbeitung von Kreditschulden (*loan workouts*) notleidender Unternehmen.[515] Für solche Fälle dürfen die Commercial Banks die von ihnen vergebenen Kredite zu Eigenkapitalbeteiligungen an den Schuldner-Unternehmen umwandeln. Dabei stoßen sie auf keine Begrenzungen bzgl. des prozentualen Umfangs der Beteiligungen, die sie erwerben.

Vom Gesetz werden diese Ausnahmen als notwendig angesehen, um einen reibungslosen Geschäftsbetrieb der Banken zu gewährleisten. Der Anteilserwerb zählt in solchen Situationen zum eigentlichen Bankgeschäft. Als Grund dafür wird die Möglichkeit angesehen, durch die Beteiligung die Kosten der vergebenen Kredite einzutreiben und das damit verbundene Ausfallrisiko zu reduzieren.

Beschränkungen betreffen lediglich die Dauer der Anteilsbesitzes. Bis 1980 war die Beteiligungsdauer für Federal [Chartered] Banks auf fünf Jahre begrenzt. Nach 1980 wurde die Haltungsdauer auf zehn Jahre verlängert. Auf Bundesstaatsebene stoßen die Commercial Banks in dieser Hinsicht sogar auf weniger restriktive Regelungen.[516]

---

[513] Trotzdem werden diese Möglichkeiten nicht völlig ausgeschöpft. Vgl. ZEREY, J.-C. (1994), S. 266.

[514] Vgl. BLACK, B.S. (1990), S. 552 sowie ZEREY, J.-C. (1994), S. 264.

[515] Zu den folgenden Ausführungen vgl. JAMES, C. (1995), S. 1211-1212.

[516] In dem Bundesstaat New York existieren keine gesetzlichen Beschränkungen bzgl. der Dauer der bei *loan workouts* von Banken erworbenen Beteiligungen an nichtfinanziellen Unternehmen.

4.2.1.2. Das Einflußpotential der Beteiligungen amerikanischer Banken

In Anbetracht der strengen Regulierung des US-amerikanischen Bankensektors bzgl. Bankenbeteiligungen an nichtfinanziellen Unternehmen mag es nicht verwundern, daß Daten über die Zahl und die Relevanz solcher Beteiligungen sehr karg sind. Existierende Studien zeigen jedoch, daß Commercial Banks ganz bewußt und in weitestem Umfang von der Möglichkeit, bei *loan workouts* Anteile an nichtfinanziellen Unternehmen zu erwerben, Gebrauch machen.

Studie von GILSON

In einer 1990 von GILSON veröffentlichten Studie werden für den Zeitraum 1979-1985 111 börsennotierte amerikanische Unternehmen untersucht.[517] Den Gegenstand der Studie bildet der Wandel in den Eigentums- und Kontrollverhältnissen notleidender Unternehmen. Der Autor zeigt, daß Banken neben anderen Gläubigern in beinahe 75% der untersuchten Fälle beträchtliche Anteile am stimmberechtigten Kapital erwerben.[518] Im Durchschnitt stellen Commercial Banks die größten Anteilseigner von Unternehmen dar, die Restrukturierungs- bzw. Sanierungsmaßnahmen unterworfen sind. Im untersuchten Sample erwarben Banken im Durchschnitt 36% (maximal über 70%) des Aktienkapitals der untersuchten Unternehmen.[519] Tabelle III.10 zeigt die Verteilung der an den untersuchten Unternehmen erworbenen Eigenkapitalanteile auf verschiedene Gläubigergruppen.

---

[517] Vgl. GILSON, S.C. (1990).
[518] Vgl. GILSON, S.C. (1990), S. 356.
[519] Vgl. GILSON, S.C. (1990), S. 363-364.

Tabelle III.10: Prozentuale Anteile am Eigenkapital von 111 börsennotierten amerikanischen Unternehmen[1], erworben von Gläubigern bei Restrukturierung, 1979-1985[520]

Gläubiger	Erworbener Eigenkapitalanteil			
	Mini-mum	Mittel	Maxi-mum	Durch-schnitt
Banken	7,8	33,3	70,4	36,1
Versicherungsgesellschaften	0,0	23,4	32,3	26,3
Andere Kreditgeber	8,2	26,7	45,1	26,7
ESOPs	7,9	7,9	7,9	7,9
Alle	7,8	35,2	70,4	36,1

1) Die untersuchten Unternehmen sind an der New York Stock Exchange und der American Stock Exchange notiert.

Ferner weist GILSON auf die Einflußpotentiale hin, die sich aus dem Anteilsbesitz von Banken ergeben. Mit den erworbenen Stimmen können Commercial Banks als Anteilseigner die Besetzung des Board of Directors maßgeblich beeinflussen. Der Autor liefert Evidenz auch darüber, daß den beteiligten Banken in bestimmten Fällen auch spezielle Eigenkapitaltitel gewährt werden, die ihnen die Kontrolle über eine bestimmte Mindestzahl an Boardmandaten garantieren. Es wurden auch Fälle registriert, in denen unter dem Druck von Banken der ganze Board of Directors ausgewechselt wurde.[521] (Vgl. in diesem Zusammenhang auch Tabelle A.3 im Anhang.) In einer anderen Studie vom Jahre 1989 wird von GILSON auch darauf hingewiesen, daß ein Wechsel im Unternehmensmanagement sehr oft die Vorstufe zu einer Bankenbeteiligung am Eigenkapital eines notleidenden Unternehmens darstellt.[522]

GILSON ist jedoch der Meinung, daß der Anteilsbesitz von Commercial Banks, trotz seines Umfanges und seiner Relevanz, nur von kurzfristigem Charakter zu

[520] Quelle: THE WALL STREET JOURNAL zitiert nach GILSON, S.C. (1990), S. 363, Tabelle 3.
[521] Vgl. GILSON, S.C. (1990), S. 365.
[522] Vgl. GILSON, S.C. (1989), S. 250.

sein scheine. Banken stießen in dieser Hinsicht auf zu restriktive Regelungen, die dafür verantwortlich seien.[523]

Studie von JAMES

JAMES zeigt hingegen in einer 1995 vorgelegten Studie, daß die bei *loan workouts* von Banken erworbenen Beteiligungen lange Zeit nach Abschluß der Restrukturierungsmaßnahmen weiterhin gehalten werden.[524]

Die Studie deckt den Zeitraum von 1981 bis 1990 ab. Auch bei dieser Untersuchung ergibt sich, daß Banken im Durchschnitt die wichtigsten Anteilseigner bei der Restrukturierung notleidender Unternehmen darstellen. Bei 31% der analysierten 102 Fälle wandelten Banken vergebene Kredite zu Beteiligungsbesitz.[525] Sie erwarben durchschnittlich 43% des Eigenkapitals der untersuchten Unternehmen.[526]

Des weiteren liefert diese Studie Evidenz auch darüber, daß Unternehmen mit Bankenbeteiligung nach der Restrukturierung besser abschneiden als jene, an denen Banken keine Anteile erworben haben.[527] Obwohl diese Unternehmen vor der Restrukturierung deutlich schlechtere Performance aufwiesen,[528] wuchsen Investitionsaufwand und Cash Flow bei ihnen nach Abschluß der Restrukturierungsmaßnahmen wesentlich stärker (um mehr als 100% im Vergleich) als bei den Unternehmen ohne Anteilsbesitz von Banken.

---

[523] Vgl. GILSON, S.C. (1990), S. 364-365.

[524] Vgl. JAMES, C. (1995), S. 1225.

[525] Vgl. JAMES, C. (1995), S. 1210.

[526] Vgl. JAMES, C. (1995), S. 1224, insbesondere FN 28.

[527] Vgl. JAMES, C. (1995), S. 1229.

[528] JAMES zeigt, daß die Banken um so stärker dazu neigen, Anteile an einem notleidenden Unternehmen zu erwerben, je größer sein Wachstumspotential und je niedriger die Quote seiner öffentlichen Schulden ist. Vgl. JAMES, C. (1995), S. 1210-1211.

4.2.2. Bankenpräsenz im Board of Directors

Die Institution des Board of Directors

Die Institution des *Board of Directors* stellt das oberste Entscheidungsorgan in amerikanischen Aktiengesellschaften dar.[529] Der Board wird mit den Stimmen der Aktionäre gewählt und setzt sich aus *inside* und *outside directors* zusammen. Wie die Bezeichnungen bereits verraten mögen, geht es bei dieser Unterscheidung um Personen die Angestellte der Gesellschaft (*insiders*) und solche die keine Angestellte (*outsiders*) sind. Die Funktion der *outside directors* ist eher darauf ausgerichtet, die Interessen der Aktionäre und der Öffentlichkeit zum Ausdruck zu bringen.[530] Die Befugnisse des Board umfassen neben der Überwachungsfunktion auch *originäre* Entscheidungs-, Koordinations- und Führungskompetenzen.[531] Dieser Sachverhalt steht jedoch in keinem Konflikt zum Konzept dieser Arbeit, da er auf Banken bezogen, lediglich von einem größeren Einflußpotential sprechen mag.

Boardmandate der Banken

In der bereits diskutierten Studie vom Jahre 1990 wird von GILSON gezeigt, daß Banken im Falle einer Restrukturierung nicht nur über die Besetzung des Board of Directors abstimmen und bestimmte Zahl an Boardsitzen kontrollieren dürfen, sondern auch selbst im Board vertreten sind.[532] In den beobachteten Fällen besetzen sie grundsätzlich Mandaten von *outside* und *quasi-inside directors*.[533] Des weiteren wird aber gezeigt, daß Bankvertreter auch die Sonderstellung des Boardvorsitzenden und Chief Executive Officer eines Unternehmens einnehmen können (*inside director*).[534]

---

[529] Vgl. GUTENBERG, E. (1962), S. 21.

[530] Vgl. GUTENBERG, E. (1962), S. 29.

[531] Vgl. hierzu GUTENBERG, E. (1962), S. 30-34.

[532] Vgl. GILSON, S.C. (1990), S. 365.

[533] Vgl. GILSON, S.C. (1990), S. 374, Tabelle 6. GILSON unterscheidet *inside* von *quasi-inside directors* danach, ob sie Managerstellen besetzen oder lediglich Angestellte derselben Gesellschaft sind. Vgl. GILSON, S.C. (1990), S. 369.

[534] Im von GILSON registrierten Fall handelt sich um einen ehemaligen Bankbeamten.

Durch den Erwerb von Boardmandaten erlangen Banken die Möglichkeit zu einer aktiven Überwachung des Top Executive Management.[535] Inwieweit und wie sie die Entscheidungen des Boards of Directors beeinflussen (können), insbes. wenn ihre Interessen von deren der (anderen) Aktionäre abweichen, ist jedoch eher unklar.[536]

Im Vergleich zu Commercial Banks sind Investment Banks in Restrukturierungsfällen häufiger und stärker in den Boards of Directors vertreten, was auf ihre fachliche Expertise und Reputation als Restrukturierungsspezialisten zurückzuführen ist.[537]

4.2.3. Einschränkende Vertragsklauseln (*restrictive covenants*)[538]

Da der Tätigkeitsbereich von Commercial Banks in den USA per Gesetz vom Effektengeschäft isoliert ist, greifen sie zu anderen Möglichkeiten zurück, um ihre Kreditrisiken zu verringern.

Die Vereinbarung von einschränkenden Klauseln (*restrictive covenants*) in den Kreditverträgen wird oft praktiziert und sichert den Banken das Recht, im Falle einer Restrukturierung des Schuldner-Unternehmens, unmittelbar über die Unternehmensaktiva zu verfügen. Die Restriktionen, die diese Vereinbarungen beinhalten, ermöglichen einen direkten Einfluß der kreditgebenden Bank auf die Investitions-, Finanzierungs- und Ausschüttungspolitik des Unternehmens, auf Änderungen im Management und auf andere unternehmenspolitische Entscheidungen. Um die tatsächliche Stärke des Einflußpotentials, das Commercial Banks dadurch erlangen, zu verdeutlichen, zitiert GILSON in einer seiner Arbeiten JOSEPH C. BENNETH, nach seinem Rücktritt als Vorsitzender und Chief Executive Officer der Federal Resources Corporation:

„It's apparent that we're unable to make deals where the shareholders will end up with anything. The directors and management don't have control of the company. We can't make any expenditures without the banks approving it. We can't

---

[535] Vgl. GILSON, S.C. (1990), S. 369.
[536] Vgl. GILSON, S.C. (1990), S. 365.
[537] Vgl. GILSON, S.C. (1990), S. 384.
[538] Zur folgenden Darstellung vgl. vor allem GILSON, S.C. (1990), S. 365-368.

134

make any deal without the banks approving it. We're in a position where the people who are supposed to be the stewards of the company aren't in a position to manage."[539]

Beteiligungen am Eigenkapital eines Unternehmens mögen den Anreiz von Banken, von den genannten Einflußmöglichkeiten Gebrauch zu machen, deutlich verringern. Selbst wenn dies nicht der Fall ist, ist es fraglich, ob dadurch die Ressourcenallokation im Unternehmen im Sinne der Aktionäre beeinflußt wird.

4.2.4. Vollmachtsstimmrechte der Banken (*proxy voting*)

Ähnlich wie in Deutschland können (Klein-)Aktionäre in den USA ihre Stimmrechte an jemand anderen übertragen, der auf der Hauptversammlung in ihrem Namen abstimmt. Grundsätzlich hat jeder Aktionär das Recht, um die Vollmacht anderer Aktionäre zu werben.[540] Zur Ausübung dieser *proxy votes* werden u.a. auch die Trust Departments der Commercial Banks beauftragt, die Aktiendepots von Aktionären verwahren und verwalten.[541]

BLACK (1990) zeigt in diesem Zusammenhang, indem er sich auf Daten des NEW YORK STOCK EXCHANGE (NYSE) beruft, daß die Commercial Banks' Trust Departments im Jahre 1980 einen Aktienbestand von 173 Mrd. US-$ oder 13,9% der gesamten Marktkapitalisierung der New Yorker Aktienbörse hielten. Bis 1988 stieg der Wert der Aktien in den Vermögensverwaltungsabteilungen der Commercial Banks auf 252 Mrd US-$; ihr prozentualer Anteil fiel aber auf 10,2% des gesamten NYSE-Kapitals.[542]

Da in diesen Zahlen Daten über stimmberechtigte sowie über nicht stimmberechtigte Aktien enthalten sind, ist ein Urteil über das tatsächliche Einflußpotential der Trust Departments auf Grund der Stimmrechte, die sich in ihrem Besitz befinden, nicht ohne weiteres möglich.[543]

---

[539] Vgl. Gilson, S.C. (1989), S. 250.
[540] Vgl. EISENBERG, M.A. (1976), S. 112.
[541] Auch Investment Banks üben Stimmrechte im Auftrag ihrer Kunden aus. Vgl. BLACK, B.S. (1990), S. 603-604.
[542] Vgl. BLACK, B.S. (1990), S. 570 sowie Tabelle A.4 im Anhang der vorliegenden Arbeit.
[543] Vgl. hierzu ZEREY, J.-C. (1994), S. 264.

Selbst wenn diese Zahlen auf die Möglichkeit zu einer signifikanten Einflußnahme auf Aktionärsentscheidungen hindeuten mögen, zeichnen sich die US-
amerikanischen Commercial Banks in dieser Hinsicht durch ausgeprägte Passivität ihres Verhaltens aus.[544] Obwohl es an Evidenz darüber mangelt,[545] wird
i.d.r. die Auffassung vertreten, daß Banken die verfügbaren Stimmen *promana-
ger* ausüben.[546]

Als Ergebnis der Analyse des Einflußpotentials der US-amerikanischen Commercial Banks im Bereich der Corporate Governance kann festgehalten werden:
Die strikte Regulierung der Commercial Banks in den USA verhindert doch
nicht, daß Banken ihrer Relevanz im Bereich der Unternehmenskontrolle gerecht werden. Selbst die Tatsache, daß strenge gesetzliche Beschränkungen bzgl.
Anteilsbesitz und anderer enger Beziehungen zwischen Banken und Unternehmen weitgehend gelockert werden, wenn die Fähigkeiten der Banken gefragt
sind, besagt, daß Banken über das notwendige Potential zur Lösung prekärer
Situationen verfügen. Die präsentierten Ergebnisse empirischer Studien weisen
einen positiven Beitrag des Beteiligungsbesitzes von Banken auf die Unternehmensperformance nach. Fraglich bleiben jedoch die Auswirkungen der Board-
präsenz und der Auftragsstimmrechte von Banken.

5. Die Zukunft der Banken- und Finanzsysteme

Im letzten Kapitel des dritten Teils der Arbeit sollen wichtige strukturelle Veränderungen im deutschen und dem US-amerikanischen Finanzsystem zusam-
mengefaßt werden, die bisher zu einer Konvergenz der beiden Systeme geführt
haben. Des weiteren soll versucht werden, mögliche zukünftige Implikationen
daraus abzuleiten.

5.1. Deutschland im Lichte der Europäischen Währungsunion

Am 1. Januar 1999 trat der Integrationsprozeß im Rahmen der *Europäischen
Währungsunion* in seine dritte Stufe ein. Mit der Einführung eines einheitlichen

---

[544] Zu den Gründen für das passive Verhalten der Commercial Banks (bzw. ihrer Trust Departments) siehe BLACK, B.S. (1990), S. 600-601.
[545] Vgl. BLACK, B.S. (1990), S. 605.
[546] Vgl. BLACK, B.S. (1990), S. 561.

Währungssystems wird der Wettbewerb im Finanzsektor vom vereinigten Europa und damit auch in den Finanzsystemen der einzelnen Mitgliedsstaaten zusätzlich intensiviert.[547] Die Schaffung eines einheitlichen Währungsraums, begleitet von einer unverzichtbaren Liberalisierung und einer weitgehenden Internationalisierung des Finanzwesens, wirkt sich auch auf die Struktur und die Wettbewerbsverhältnisse des deutschen Banken- und Finanzsystems aus[548] und reduziert wesentlich die Einflußspielräume der Banken.[549]

Der seit Beginn der 90er Jahre zu verzeichnende, besonders starke Wachstumstrend der deutschen Aktien- und Anleihemärkte wird vom Strukturwandel im europäischen Wirtschaftsraum zusätzlich angeregt.[550] In Anbetracht der in den letzten Jahren fortschreitenden Liberalisierung der Finanzmärkte in Deutschland, ist zu erwarten, daß sich dieser Wandel zwangsläufig in besseren Konditionen der Mittelbeschaffung und –anlage auf den Kapitalmärkten niederschlagen würde.[551] Klare Zeichen dafür sind auch die Anstrengungen des Staates, den Marktzugang insbes. für junge Unternehmen zu erleichtern und den Marktteilnehmern diverse und flexiblere Handelsalternativen zur Verfügung zu stellen.[552] Die Reformen im deutschen Finanzsystem zielen vor allem auf die Stärkung der Wettbewerbsposition der Börsen und dadurch auf das Zurückschrauben des Einflußpotentials der Banken bzgl. der Organisation der Wertpapiermärkte ab.[553]

Institutionelle Investoren, zu denen auch Banken und große Industrieunternehmen zählen, würden als dominierende Gruppe von Marktteilnehmern auch in

---

[547] Vgl. DEUTSCHE BUNDESBANK (1998), S. 55-56; CHICK, V./ DOW, S.C. (1995), S. 293.

[548] Vgl. SCHMIDT, R.H. (1997), S. 14.

[549] Vgl. MONOPOLKOMMISSION (1998), S. 115.

[550] Vgl. DEUTSCHE BUNDESBANK (1998), S. 57.

[551] Vgl. DEUTSCHE BUNDESBANK (1998), S. 56.

[552] Besonders bedeutsame Neuerungen in dieser Hinsicht sind u.a. der „Neue Markt" für Wachstumswerte, der den Handel am 01. März 1997 aufnahm, sowie die im gleichen Jahr mit ausländischen Börsen abgeschlossenen Kooperationsvereinbarungen der Deutschen Terminbörse. Vgl. DEUTSCHE BUNDESBANK (1998), S. 63.

[553] Durch das Inkrafttreten der sechsten Novelle des KWG, des Dritten Finanzmarktförderungsgesetz und anderer Reformen wurde die Zulassung von Wertpapieren wesentlich erleichtert und die Konkurrenz im Emissionsgeschäft, durch die Zulassung von Wertpapierleistungsunternehmen zum Börsenhandel, erheblich verstärkt. Vgl. MONOPOLKOMMISSION (1998), S. 115.

137

Zukunft am meisten von der Entwicklung der Kapitalmärkte profitieren.[554] Eine wesentliche Verlagerung der Finanzierungsverhältnisse nichtfinanzieller Unternehmen zu Gunsten der Kapitalmärkte ist in Deutschland zum Unterschied von anderen europäischen Ländern (z.b. Frankreich) bisher jedoch nicht in Sicht.[555] Festzustellen ist aber eine fortschreitende Spezialisierung deutscher wie sonstiger europäischer Banken auf Kernkompetenzen (Kreditgeschäft) sowie eine Verlagerung traditioneller Sparformen bei Banken auf rentablere Anlagealternativen bei Nichtbanken, insbesondere bei Fondsgesellschaften.[556]

Im universalen Charakter des deutschen Geschäftsbankensystems wären keine Veränderungen zu erwarten, sofern die *Europäische Kommission* in ihren Bankenrichtlinien eine gleichberechtigte Anerkennung der aktuell existierenden Bank- und Bankensystemtypen vorsieht.[557] Die Vereinheitlichung des europäischen Binnenmarktes soll ferner auf einer Vielfalt von Bankgeschäften am Beispiel des deutschen Universalbankensystems basieren.[558] Die Harmonisierung der gegenwärtig existierenden bankenrechtlichen Bestimmungen in Europa erfordert aber eine Reihe von Veränderungen auch im deutschen Recht.[559] Zum Teil sind sie auf eine Begrenzung der Höhe von möglichen Bankenbeteiligungen außerhalb des Finanzsektors ausgerichtet.[560] Sofern Deutschland eines der am höchsten entwickelten Bankensysteme im europäischen Wirtschaftsraum besitzt, würde dessen gesetzliche Rahmen in seinen Grundzügen jedoch weitgehend erhalten bleiben.[561]

Ferner wäre ein noch höherer Grad an Konzentration und Zentralisierung der europäischen Bankwirtschaft zu erwarten.[562] Dies belegen auch die seit Beginn

---

[554] Vgl. DEUTSCHE BUNDESBANK (1998), S. 56.
[555] Vgl. Deutsche Bundesbank (1998), S. 58 sowie Schmidt, R.H. / Hackethal, A./ Tyrell, M. (1997), S. 34.
[556] Vgl. SCHMIDT, R.H. / HACKETHAL, A./ TYRELL, M. (1997), S. 33 sowie DOMBRET, A. (1998), S. 631-632.
[557] Vgl. C&L Deutsche Revision (1998), S. 29 und S. 31-32.
[558] Vgl. CHICK, V./ DOW, S.C. (1995), S. 296.
[559] Vgl. C&L Deutsche Revision (1998), S. 30.
[560] Vgl. CHICK, V./ DOW, S.C. (1995), S. 306.
[561] Vgl. CHICK, V./ DOW, S.C. (1995), S. 318.
[562] Vgl. CHICK, V./ DOW, S.C. (1995), S. 313 und S. 315.

138

der 90er Jahre zu verzeichnenden Konsolidierungstrends im privaten, öffentlich-rechtlichen sowie genossenschaftlichen Bereich des deutschen Bankensektors.[563] Die bislang hauptsächlich innerhalb der nationalen Bankensysteme Europas stattfindenden Bankenzusammenschlüsse werden sich in Zukunft verstärkt grenzüberschreitend vollziehen.[564]

5.2. Das US-amerikanische Bankensystem im Vorfeld der Deregulierung des Finanzsektors

Auch der US-amerikanische Bankensektor kann sich dem Strukturwandel im Finanzwesen nicht verschließen. Die Konsolidierungstrends in diesem Bereich zeigen sich am deutlichsten in der Entstehung von Superregionalbanken auf nationalem Niveau sowie von Allfinanzkonzernen im internationalen Geschäft.[565] Dies scheinen bedeutsame Ergebnisse der zahlreichen Versuche von Commercial und Investment Banks in den USA, die Barrieren zwischen den getrennten Bankgeschäften zu überwinden, zu sein.[566]

In den letzten zwanzig Jahren wurden wesentliche Änderungen auch im amerikanischen Recht vorgenommen, die eine Liberalisierung im Bankensektor besonders spürbar machten. Die Commercial Banks bekamen die Möglichkeit im Rahmen der sog. „private placement activities" Schuldtiteln oder Aktien in begrenztem Umfang im Auftrag ihrer Kunden zu verkaufen. Commercial Banks mit einem Federal Charter wurden ermächtigt, unter Umständen Investmentfonds zu unterhalten. In kleineren Ortschaften (bis 5.000 Einwohner) dürfen Commercial Banks, so ein Beschluß des obersten Gerichtshofs, ihre Tätigkeit in gewissem Umfang auch auf Versicherungsleistungen erweitern. Tochtergesellschaften von Geschäftsbanken, die im Ausland tätig sind, bekamen die Ermächtigung Underwriting zu betreiben.[567]

[563] Vgl. DOMBRET, A. (1998), S. 630-631.
[564] Vgl. DOMBRET, A. (1998), S. 632; CHICK, V./ DOW, S.C. (1995), S. 311.
[565] Vgl. DOMBRET, A. (1998), S. 630.
[566] Vgl. BAAS, V. (1997), S. 606.
[567] Vgl. hierzu BAAS, V. (1997), S. 606-607.

Die Versuche die sog. „*Glass Steagall Wall*"[568] zu durchbrechen und den Glass Steagall Act möglichst ganz abzuschaffen, wurden immer stärker. Die in der ökonomischen Literatur von manchen Autoren als möglich/notwendig angesehenen Veränderungen zur Verbesserung der Struktur und Funktionsfähigkeit des US-amerikanischen Banken- und Finanzsystems,[569] fanden Ausdruck auch in den Reformvorschlägen der US-amerikanischen Regierung.[570] Obwohl die meisten dieser Bemühungen steckengeblieben sind, wurden die vom Gesetz aufgestellten Mauern durch Verordnungen des Federal Reserve Board und des Comptroller of the Currency immer stärker aufgeweicht.[571] Am stärksten waren die Bank Holding Companies davon (positiv) betroffen. Nachdem sie in den 80er Jahren die Ermächtigung bekommen hatten, sich über sog. „*Section 20*"-Tochtergesellschaften im Emissionsgeschäft und Wertpapierhandel zu betätigen, wurde 1996 diese Möglichkeit in ihrem Umfang erweitert. Die zulässige Obergrenze für die in diesen Geschäftsfeldern erwirtschafteten Gewinne wurde von 10% auf 25% erhöht. Anfang 1997 wurden die Bankholdinggesellschaften selbst zum Wertpapierkauf und zum Handel mit ihren Tochtergesellschaften ermächtigt.[572] Darauf folgten eine Reihe von Reformvorschlägen zur Umstrukturierung des US-amerikanischen Bankensystems.[573]

Der Bankenausschuß des Repräsentantenhauses sieht in seinem Gesetzesentwurf die Möglichkeit vor, daß Bank Holding Companies sowohl Commercial und Investment Banking als auch das Versicherungsgeschäft in ihrer Gestalt vereinen würden. Der Reformvorschlag des Vorsitzenden des Bankenausschusses, JIM LEACH, schließt ferner ein, daß Nichtfinanz-Gesellschaften eine Ermächtigung erhalten, sich in bestimmtem Umfang in Anlagegeschäft zu betätigen.

Das Reformgesetz des Finanzministeriums geht noch weiter und sieht einen Banktypus als Modell für die Organisation des amerikanischen Geschäftsbankensystems vor, der die Grundzüge europäischer Universalbanken tragen würde.

---

[568] Vgl. HUBBARD, R.G. (1997), S 359.

[569] Vgl. z.B. die "Schlußfolgerungen für die US-amerikanische Ordnungspolitik" bei FRANKEL, A.B./ MONTGOMERY, J.D. (1991), S. 295-297.

[570] Vgl. hierzu Link, T.J./ Hartung, A.R. (1991) sowie Baas, V./ Bolck, C. (1991).

[571] Vgl. BAAS, V. (1997), S. 607.

[572] Vgl. BAAS, V. (1997), S. 607.

140

Am liberalsten zu sein scheint der Vorschlag des Vorsitzenden des Bankenausschusses im US-Senat, ALFONSE D'AMATO, der zusätzlich auch das Wegfallen jeglicher Beschränkungen bzgl. Verflechtungen zwischen Banken und Industriesektor vorsieht.

Wenn die seit langer Zeit prophezeite Abschaffung des Glass Steagall Act[574] tatsächlich verwirklicht werden sollte, wäre in den USA, ähnlich wie im europäischen Wirtschaftsraum, eine immense Welle von Verschmelzungen jeglicher Institute zu erwarten. Große und ertragsstarke Banken würden kleine und mittlere Institute übernehmen. Es wäre denkbar, daß sowohl Commercial Banks Investment Banks übernehmen als auch umgekehrt.[575] Die erwarteten Konsolidierungstendenzen würden jedoch die weitere Existenz von reinen Spezialbanken nicht ausschließen. Diese sind für die Abwicklung von Investment Banking-Aktivitäten, wie Takeovers, Leveraged Buy-Outs, Fusionen etc., selbst in existierenden Universalbankensystemen, immerhin besser geeignet als Universalbanken oder Allfinanzunternehmen.[576]

---

[573] Zu den nachfolgenden Ausführungen vgl. BAAS, V. (1997), S. 607-608.
[574] Vgl. u.a. auch BENSTON, G.J. (1994), S. 141.
[575] Vgl. BAAS, V. (1997), S. 608.
[576] Vgl. BENSTON, G.J. (1994), S. 140-141.

IV. FAZIT

In einer Zeit der globalisierten Wirtschaft und Finanzmärkte stellt sich öfter denn je die Frage nach der Rolle, die den Banken heute zukommt und die ihnen in Zukunft zugeordnet werden soll. Die Analyse im Rahmen der vorliegenden Arbeit zeigte, daß selbst in zwei sehr unterschiedlichen wirtschaftlichen Umfeldern, wie dem deutschen und dem US-amerikanischen Finanzsystem, sich die Aufgaben, die der Bankensektor in Bezug auf Unternehmensfinanzierung und – kontrolle erfüllt, in ihrem Charakter weitgehend nicht so stark unterscheiden, wie vermutet werden könnte. Tabelle IV.1 faßt die wichtigsten Ergebnisse der vorliegenden Untersuchung zusammen.

Tabelle IV.1: Gegenüberstellung wichtiger Merkmale des deutschen und des amerikanischen Banken-/ Finanzsystems

Merkmal/ Ausprägung	Deutschland	USA
Struktur des Banken-/Finanzsektors		
Universalbanken	ja	nein
Spezialbanken	ja	ja
Öffentlich-rechtliche Kreditinstitute	ja	nein
Existenz von Hausbankbeziehungen	ja	nein
Grad der Konzentration des Bankensystems	hoch	niedrig
Kapitalverflechtungen im Bankensektor	ja	nein
Grad der Regulierung des Bankensektors	mäßig	hoch
Kompetenzüberschneidungen der Regulierungsbehörden	nein	ja
Entwicklungsstand der Finanzmärkte	mäßig[+]	hoch
Unternehmensfinanzierung		
Bedeutung der Innenfinanzierung	groß	groß
Bedeutung der Kapitalmärkte für die Unternehmensfinanzierung	gering	groß
Anteil der Bankkredite an der Bilanzsumme nichtfinanzieller Unternehmen (Ende 1994)	18,2%	<16,8%
Fremd-/Eigenkapitalverhältnis nichtfinanzieller Unternehmen (Ende 1994)	150,9%	106,6%
Corporate Governance		
Bankenbeteiligungen an nichtfinanziellen Unternehmen	ja	ja*
Ausübung von Vollmachtsstimmrechten durch Banken	ja	ja
Bankenpräsenz in den Kontrollgremien nichtfinanzieller Unternehmen	ja	ja*
Engagements von Banken in Unternehmensrestrukturierungen	ja	ja
Bedeutung einschränkender Kreditvertragsklauseln	mäßig	groß
Bedeutung von Unternehmensübernahmen für die Unternehmenkontrolle	gering	groß

[+] Unter Berücksichtigung der aktuellsten Entwicklungstendenzen.

* Resultierend aus Unternehmensrestrukturierungen.

Die beiden untersuchten Banken- und Finanzsysteme weisen eindeutig Gemein-samkeiten auf. Die Unternehmensinvestitionen werden zum größten Teil intern finanziert. Die einst markanten Unterschiede zwischen den Kapitalstrukturen deutscher und US-amerikanischer Unternehmen werden immer stärker aufge-weicht. Banken bringen einen wesentlichen Teil der externen Finanzierungs-mittel der nichtfinanziellen Sektoren in den beiden Volkswirtschaften auf. Ame-rikanische Commercial Banks engagieren sich in Aktivitäten im Bereich der Corporate Governance, die als Domäne der deutschen Universalbanken gelten: sie erwerben *Beteiligungen* an (notleidenden) Unternehmen, indem sie Kredit-forderungen zu Eigenkapitalanteilen umwandeln, erhalten in diesen Unterneh-men *Boardmandate* und dürfen im Prinzip über ihre Vermögensverwaltungsab-teilungen *Vollmachtsstimmrechte* ausüben.

Jedoch ist die Bedeutung dieser Engagements weitgehend nicht so groß wie im deutschen Finanzsystem. Wo das deutsche System möglicherweise eine trotz festgestellter rückläufiger Tendenz immerhin sehr starke Bindung zwischen Banken und Unternehmen aufweist, zeichnet sich das amerikanische Finanzsy-stem weiterhin durch fragmentierten Aktienbesitz aus, der unter normalen Um-ständen den Managern die ganze Macht überläßt. Banken dürfen die Unterneh-mensperformance nicht präventiv beeinflussen, sondern werden „eingesetzt", wenn bereits eingetretene finanzielle und funktionelle Unternehmenskrisen zu bewältigen sind, also wenn andere Mechanismen (Markt für *corporate control*) bereits versagt haben.

Unterschiede wurden auch im Bereich der Außenfinanzierung festgestellt. Die Darlehensaufnahme bei Geschäftsbanken stellt weiterhin die wichtigste Quelle externer Finanzierungsmittel für nichtfinanzielle Unternehmen in Deutschland, während amerikanische Firmen in dieser Hinsicht nach wie vor die Kapital-marktfinanzierung vorziehen.

Die bestehenden Unterschiede hinsichtlich der Relevanz der beiden Bankensy-steme für die erörterten Problembereiche sind Konsequenz nicht nur der unter-schiedlichen Bankenregulierung. In einem erheblichem Ausmaß sind auch Un-terschiede in der Regulierung der heimischen Finanzmärkte sowie in der Steuer- und Konkursgesetzgebung dafür verantwortlich.

Die jüngsten Entwicklungen im US-amerikanischen Wirtschaftsraum zeigen jedoch einen Trend der Banken auf, sich in immer mehr Bereichen zu engagieren. Die gesetzlichen Restriktionen werden dabei auf verschiedenen Wegen umgangen. Die einst strikte Trennung der Arbeitsbereiche löst sich stetig auf. Ferner werden auch in Deutschland immer stärker Anstrengungen spürbar, den Aktienmarkt zu beleben und durch eine wettbewerbliche Marktorganisation spezifische Allokations- und Kontrolldefizite, die auf die dominante Position der Kreditinstitute zurückzuführen sind, zu vermindern.

Die beiden Systeme sind keine statischen Strukturen, sondern sowohl Grundlage als auch integraler Bestandteil einer sich dynamisch entwickelten Gesamtwirtschaft. Sie unterliegen zahlreichen Wandlungen, welche eher dazu neigen, die beiden Systeme näher aneinander zu bringen, als sie stärker zu differenzieren. Somit scheinen eine weitgehende Liberalisierung des US-amerikanischen Bankwesens sowie eine stärkere Förderung der deutschen Kapitalmärkte die richtige ordnungspolitische Strategie zu sein.

Weitere Änderungen in der Regulierung werden auch Änderungen in der Rolle der Banken implizieren. Man muß sich jedoch bewußt sein, daß gezielte Veränderungen der Struktur der Finanzsysteme einen Wandel im gesamten Funktionsmechanismus induzieren können, der auch Risiken mit sich bringt. „Eine Modernisierung der Gesetzgebung für den Finanzbereich kann einige Vorteile erbringen. Die Aufgabe muß aber richtig erledigt werden."[577]

---

[577] Ex-US-Finanzminister ROBERT RUBIN, zitiert nach HALUSA, M. (1999).

144

ANHANG

TABELLENVERZEICHNIS

Tabelle A.1: Entwicklung der Hauptversammlungspräsenz in 11 der größten deutschen Aktiengesellschaften[1], 1975-1994 (in % des Grundkapitals)[578]

Lfd. Nr.	Unternehmen	1975	1980	1986	1990	1994
1	BASF	65,9	66,2	55,4	52,4	50,9
2	Bayer	64,9	67,5	52,9	47,2	48,4
3	Conti-Gummi	72,9	65,0	35,1	58,7	47,3
4	Daimler	93,0	89,7	80,4	78,6	70,8
5	Hoechst	69,6	66,7	58,3	66,9	71,5
6	Mannesmann	65,1	63,4	49,6	37,0	45,7
7	Schering	47,3	58,0	46,6	33,7	36,7
8	Siemens	72,1	72,1	58,2	49,5	53,9
9	Thyssen	84,0	79,0	68,5	64,8	68,3
10	VEBA	80,9	78,3	65,2	51,1	46,2
11	Volkswagen	58,6	59,9	50,1	34,7	32,9
	Durchschnitt[2]	70,4	69,6	56,4	52,2	52,1

1) Die Angaben betreffen ausschließlich Unternehmen des nichtfinanziellen Sektors.
2) Eigene Berechnungen.

[578] Quelle: BUNDESVERBAND DEUTSCHER BANKEN (1995), S. 443, Tabelle 3.

Tabelle A.2: Stimmrechtsanteile von Banken in den Hauptversammlungen der 24 größten deutschen Aktiengesellschaften im Jahr 1992[579]

Lfd. Nr.	Unternehmen	HV-präsenz	Eigenbesitz	Abhängige Investmentfonds	Vollmachts-stimmen	Summe
		(1)	(2)	(3)		(1) + (2) + (3)
1	Siemens	52,66		9,87	85,61	95,48
2	Volkswagen	38,27		8,89	35,16	44,05
3	Hoechst	71,39		10,74	87,72	98,46
4	BASF	50,39	0,09	13,61	81,01	94,71
5	Bayer	50,21		11,23	80,09	91,32
6	Thyssen*	67,66	6,77	3,62	34,98	45,37
7	VEBA	53,40		12,62	78,23	90,85
8	Mannesmann	37,20		7,76	90,35	98,11
9	Deutsche Bank[+]	46,79		12,41	82,32	94,73
10	MAN*	72,09	8,67	12,69	26,84	48,20
11	Dresdner Bank[+]	74,59		7,72	83,54	91,26
12	Preussag	69,00	40,65	4,51	54,30	99,46
13	Commerzbank[+]	48,23		15,84	81,71	97,55
14	VIAG	69,68	10,92	7,43	30,75	49,10
15	Bayerische Vereinsbank[+]	55,95		11,54	73,15	84,69
16	Degussa*	73,26	13,65	8,65	38,35	60,65
17	AGIV	69,96	61,19	15,80	22,10	99,09
18	Bayerische Hypo[+]	68,87	0,05	10,69	81,38	92,12
19	Linde	60,03	33,29	14,68	51,10	99,07
20	Deutsche Babcock	37,30	3,22	11,27	76,09	90,58

[579] Quelle: BAUMS, T./ FRAUNE, C. (1995), S. 102-103, Zusammenfassung aus Tabellen 5 und 6.

148

21	Schering	37,42		19,71	74,79	94,50
22	KHD*	69,60	59,56	3,37	35,03	97,96
23	Bremer Vulkan	52,09		4,43	57,10	61,53
24	Strabag	67,10	74,45	3,62	21,21	99,28
	Durchschnitt	58,05	13,02	10,11	60,95	84,09

[+] Unternehmen des finanziellen Sektors.

* Stimmen aus eigenem Besitz wurden indirekt ausgeübt.

Tabelle A.3: Zahl und Gründe der Managerwechsel[1] in 381 börsennotierten amerikanischen Unternehmen[2], 1976-1984.[580]

Grund	Zahl der Fälle	
	absolut	in %
Druckausübung durch Board of Directors[3]	28	15,9
Personelle Gründe	23	13,1
Druckausübung durch kreditgebende Bank[4]	20	11,4
Ablauf des Mandats	16	9,1
Eigener Rücktritt	12	6,8
Initiative von Großaktionären[5]	11	6,3
Tod oder Krankheit	7	4
Personelle oder geschäftspolitische Meinungsver-schiedenheiten	6	3,4
Ernennung eines neuen Managers im Restrukturie-rungsfall	3	1,7
Ernennung eines gerichtlichen Vermögensverwalters im Liquidationsfall	1	0,5
Sonstige Gründe	2	1,1
Kein Grund angegeben	47	26,7
Summe der registrierten Wechsel	176	100

1) Managerwechsel ist definiert als personelle Änderung im Senior Management (Chief Executive Manager, Präsident, Boardvorsitzender) eines Unternehmens.

2) Die untersuchten Unternehmen sind an der New York Stock Exchange und der American Stock Exchange notiert und wiesen im Zeitraum 1979-1984 deutlich negative Aktienrenditen auf.

3) Dieser Gruppe sind alle Fälle zugerechnet, in denen das WALL STREET JOURNAL von einem von "dem Unternehmen" oder "den Eignern" initiierten Managerwechsel oder explizit von Intervention des Board of Directors berichtet, oder in denen Unzufriedenheit des Board of Directors mit der Unternehmensperformance erwähnt wird.

4) Unter diese Gruppe sind alle Fälle subsumiert, in denen das WALL STREET JOURNAL ausdrücklich davon berichtet, daß die neue Besetzung von Banken ernannt worden sei bzw. daß Banken auf dem Managerwechsel beharrt hätten, so daß eine Bankenintervention vermutet wird.

5) Als Großaktionäre werden alle Anteilseigner bezeichnet, die mehr als 5% des Aktienkapitals eines Unternehmens halten.

---

[580] Quelle: THE WALL STREET JOURNAL zitiert nach GILSON, S.C. (1989), S. 249, Tabelle 4.

150

Tabelle A.4: Aktienbesitz institutioneller Anleger an der New York Stock Exchange, 1980 und 1988 (in Mrd. US-$ bzw. in % der Börsenkapitalisierung)[581]

Institution	1980		1988		Wachstumsrate des Aktienbesitzes (in %)
	ab-	in %	ab-	in %	
Öffentliche Pension Funds	44	3,6	224	9,1	409,1
Private Pension Funds	224	18,0	511	20,8	128,1
Mutual Funds	42	3,4	188	7,6	347,6
Versicherungsgesellschaften	79	6,3	164	6,7	107,6
Trust Departments von Banken	173	13,9	252	10,2	45,7
Gesamte Marktkapitalisierung	1243	100	2458	100	97,7

[581] Quelle: NEW YORK STOCK EXCHANGE (1990), Anhänge A1-A6.

LITERATURVERZEICHNIS

ACKERLOF, GEORGE A.: *The Market for „Lemons": Quality Uncertainty and the Market Mechanism.* In: Quarterly Journal of Economics, Vol. 84 **(1970)**, Iss. 3, pp. 488-500.

ADAMS, MICHAEL: *Höchststimmrechte, Mehrheitsstimmrechte und sonstige wundersame Hindernisse auf dem Markt für Unternehmenskontrolle.* In: Die Aktiengesellschaft, 35. Jg. **(1990)**, H. 2, S. 63-78.

ALLEN, FRANKLIN: *Stock Markets and Resource Allocation.* In: Mayer, Colin/ Vives, Xavier (eds.), Capital Markets and Financial Intermediation, Cambridge/ New York/ Melbourne **1993**, pp. 81-108.

ALLEN, FRANKLIN/ GALE, DOUGLAS: *A Welfare Comparison of the German and U.S. Financial Systems*, Boston **1993**.

ARENTZEN, UTE/ LÖRCHER, ULRIKE/ HADELER, THORSTEN: *Bank.* In: Arentzen, Ute/ Lörcher, Ulrike/ Hadeler, Thorsten (Hrsg.), Gabler Wirtschaftslexikon, 14., vollständig überarbeitete und erweiterte Aufl., Band I: A-E, Wiesbaden **1997**, S. 388-389.

BAAS, VOLKER: *Die Tage des Glass/Steagall-Act sind gezählt.* In: Die Bank **(1997)**, H. 10, S. 606-608.

BAAS, VOLKER/ BOLCK, CHRISTIAN: *US-Bankenreform vor weiteren Hürden.* In: Die Bank **(1991)**, H. 8, S. 421-424.

BAUMS, THEODOR: *Vollmachtsstimmrechte der Banken – Ja oder Nein?* In: Die Aktiengesellschaft, 41. Jg. **(1996)**, H. 1, S. 11-26.

BAUMS, THEODOR/ FRAUNE, CHRISTIAN: *Institutionelle Anleger und Publikumsgesellschaft.* In: Die Aktiengesellschaft, 40. Jg. **(1995)**, H. 3, S. 97-112.

BENSTON, GEORGE J.: *Universal Banking.* In: Journal of Economic Perspectives, Vol. 8 **(1994)**, No. 3, pp. 121-143.

BERGLÖF, ERIK: *Capital Struktur as a Mechanism of Control: A Comparison of Financial Systems.* In: Aoki, Masahiko/ Gustafsson, Bo/ Williamson, Oliver E. (eds.), The Firm as a Nexus of Treaties, London et al. **1990**, pp. 237-262.

BERLE, ADOLPH A./ MEANS, GARDINER C.: *The Modern Corporation and Private Property*, 11th edn., New York **1939**.

BERNANKE, BEN S./ GERTLER, MARK: *Banking and the Macroeconomic Equilibrium.* In: Barnett, William A./ Singleton, Kenneth (eds.), New Approaches to Monetary Economics, New York **1987**, pp. 89-111.

BESANKO, DAVID/ THAKOR, ANJAN V.: *Relationship Banking, Deposit Insurance and Bank Portfolio Choice.* In: Mayer, Colin/ Vives, Xavier (eds.), Capital Markets and Financial Intermediation, Cambridge/ New York/ Melbourne 1993, pp. 292-319.

BHATTACHARYA, SUDIPTO/ GALE, DOUGLAS: *Preference Shocks, Liquidity and Central Bank Policy.* In: Barnett, William A./ Singleton, Kenneth (eds.), New Approaches to Monetary Economics, New York 1987, pp. 69-88.

BITZ, MICHAEL: *Erscheinungsformen und Funktionen von Finanzintermediären.* In: WiSt, 18. Jg. (1989), H. 10, S. 430-436.

BLACK, BERNARD S.: *Shareholder Passivity Reexamined.* In: Michigan Law Review, Vol. 89 (1990), pp. 520-608.

BODIE, ZVI/ MERTON, ROBERT C.: *Finance,* Englewood Cliffs, N.J. 1998.

BÖHM, JÜRGEN: *Der Einfluß der Banken auf Großunternehmen,* Hamburg 1992.

BORIO, CLAUDIO E.V.: *Leverage and Financing of Non-Financial Companies: An International Perspective.* In: BIS Economic Papers, No. 27, Basle 1990.

BÖRNER, CHRISTOPH J.: *Universalbanksystem.* In: Cramer, Jörg E. u.a. (Hrsg.), Knapps Enzyklopädisches Lexikon des Geld-, Bank- und Börsenwesens, 4. Aufl., Band 2: J-Z, Frankfurt am Main 1999, S. 1895-1905.

BOYD, JOHN H./ PRESCOTT, EDWARD C.: *Financial Intermediary-Coalitions.* In: Journal of Economic Theory, Vol. 38 (1986), No. 2, pp. 211-232.

BRICHS-SERRA, ELISABETH/ BUCH, CLAUDIA M./ NIENABER, THOMAS: *The Rolle of Banks: Evidence from Germany and the USA.* In: Kiel Working Papers 1997, No. 802.

BUNDESMINISTERIUM FÜR WIRTSCHAFT: *Wagniskapital,* Gutachten des Wissenschaftlichen Beirats beim Bundesministerium für Wirtschaft, Juni 1997.

BUNDESVERBAND DEUTSCHER BANKEN: *Fakten zur „Bankenmacht"-Diskussion.* In: Die Bank (1995), H. 7, S. 442-443.

BÜSCHGEN, HANS E.: *Arten der Bankbetriebe.* In: Grochla, Erwin/ Wittmann, Waldemar (Hrsg.), Handwörterbuch der Betriebswirtschaft, Band I/I: A-Ge, Stuttgart 1974.

BÜSCHGEN, HANS E.: *Bankbetriebslehre: Bankgeschäfte und Bankmanagement,* 5. Aufl., Wiesbaden 1998a.

BÜSCHGEN, HANS E.: *Das kleine Börsen-Lexikon,* 21. Aufl., Düsseldorf 1998b.

BÜSCHGEN, HANS E.: *Bankensystem in Deutschland.* In: Cramer, Jörg E. u.a. (Hrsg.), Knapps Enzyklopädisches Lexikon des Geld-, Bank- und Börsenwesens, 4. Aufl., Band 1: A-I, Frankfurt am Main 1999, S. 170-180.

CABLE, JOHN: *Capital Market Information and Industrial Performance: The Role of West German Banks*. In: Economic Journal, Vol. 95 (**1985**), No. 3, pp. 118-132.

CALOMIRIS, CHARLES W./ KAHN, CHARLES M.: *The Role of Demandable Debt in Structuring Optimal Banking Arrangements*. In: American Economic Review, Vol. 81 (**1991**), No. 3, pp. 497-513.

CAMMAN, HELMUTH/ ARNOLD, WOLFGANG: *Anteilsbesitz der Banken: Die Fakten*. In: Die Bank (**1987**), H. 3, S. 120-123.

CANALS, JORDI: *Universal Banking: International Comparisons and Theoretical Perspectives*, New York et al. **1997**.

C&L DEUTSCHE REVISION: *6. KWG-Novelle und neuer Grundsatz I: Kommentierung und Originaltexte*, Frankfurt am Main **1998**.

CHICK, VICTORIA/ DOW, SHEILA C.: *Wettbewerb und die Zukunft des europäischen Banken- und Finanzsystems*. In: Thomasberger, Claus (Hrsg.), Europäische Geldpolitik zwischen Marktzwängen und neuen institutionellen Regelungen: Zur politischen Ökonomie der europäischen Währungsintegration, Marburg **1995**, S. 293-321.

COASE, RONALD H.: *The Nature of the Firm*. In: Economica, Vol. 4 (**1937**). Reprinted in: Coase, R.H. (ed.), The Market, the Firm and the Law, Chicago/ London 1988, pp. 33-56.

COASE, RONALD H.: *The New Institutional Economics*. In: Journal of Institutional and Theoretical Economics, Vol. 140 (**1984**), No. 1, pp. 229-276.

CORBETT, JENNY/ JENKINSON, TIM: *The Financing of Industry, 1970-1989: An International Comparison*. In: Journal of Japanese and International Economies, Vol. 10 (**1996**), No.1, pp. 71-96.

CRAMER, JÖRG E. U.A.: *Spezialbank und Spezialbankensystem*. In: Cramer, Jörg E. u.a. (Hrsg.), Knapps Enzyklopädisches Lexikon des Geld-, Bank- und Börsenwesens, 4. Aufl., Band 2: J-Z, Frankfurt am Main **1999**, S. 1772-1773.

DEMIRGÜC-KUNT, ASLI/ LEVINE, ROSS: *Stock Market Development and Financial Intermediaries: Stylized Facts*. In: World Bank Economic Review, Vol. 10 (**1996**), No. 2, pp. 291-321.

DEUTSCHE BÖRSE AG: *Factbook* **1996**.

DEUTSCHE BUNDESBANK: *Ertragslage und Finanzierungsverhältnisse der westdeutschen Unternehmen im Jahre 1991*. In: Monatsberichte der Deutschen Bundesbank, November **1992**, S. 15-31.

DEUTSCHE BUNDESBANK: *Jahresabschlüsse westdeutscher Unternehmen, 1971 bis 1991*, Frankfurt am Main **1993**.

154

DEUTSCHE BUNDESBANK: *Ertragslage und Finanzierungsverhältnisse westdeutscher Unternehmen im Jahre 1995.* In: Monatsberichte der Deutschen Bundesbank, November **1996**, S. 33-57.

DEUTSCHE BUNDESBANK: *Bankenstatistik*, Statistisches Beiheft Nr.1, **1997a**.

DEUTSCHE BUNDESBANK: *Die Aktie als Finanzierungs- und Anlageinstrument.* In: Monatsberichte der Deutschen Bundesbank, Januar **1997b**, S. 27-41.

DEUTSCHE BUNDESBANK: *Die gesamtwirtschaftlichen Finanzierungsströme im Jahr 1996.* In: Monatsberichte der Deutschen Bundesbank, Mai **1997c**, S. 17-41.

DEUTSCHE BUNDESBANK: *Ergebnisse der gesamtwirtschaftlichen Finanzierungsrechnung für Deutschland 1990-1996*, Frankfurt am Main **1997d**.

DEUTSCHE BUNDESBANK: *Strukturveränderungen am deutschen Kapitalmarkt im Vorfeld der Europäischen Währungsunion.* In: Monatsberichte der Deutschen Bundesbank, April **1998**, S. 55-69.

DEWATRIPONT, MATHIAS/ TIROLE, JEAN: *Efficient Governance Structure: Implications for Banking Regulation.* In: Mayer, Colin/ Vives, Xavier (eds.), Capital Markets and Financial Intermediation, Cambridge/ New York/ Melbourne **1993**, pp. 12-35.

DIAMOND, DOUGLAS W.: *Financial Intermediaries and Delegated Monitoring.* In: Review of Economic Studies, Vol. 51 **(1984)**, No. 3, pp. 393-414.

DIAMOND, DOUGLAS W./ DYBVIG, PHILIP H.: *Bank Runs, Deposit Insurance and Liquidity.* In: Journal of Political Economy, Vol. 91 **(1983)**, No. 3, pp. 401-419.

DOMBRET, ANDREAS: *Der deutsche Bankensektor im Zeichen des globalen Wandels.* In: Die Bank **(1998)**, H. 10, S. 630-632.

EDWARDS, JEREMY/ FISCHER, KLAUS: *Banks, Finance and Investment in Germany*, Cambridge **1994**.

EILENBERGER, GUIDO: *Bankbetriebswirtschaftslehre*, 4. ergänzte Aufl., München/ Wien **1990**.

ENGELS, WOLFRAM: *Bankenbeteiligungen an Industrieunternehmen*, Berlin **1978**.

FAMA, EUGENE F.: *What's Different about Banks?* In: Journal of Monetary Economics, Vol. 15 **(1985)**, No. 1, pp. 29-40.

FISCHER, KLAUS: *Hausbankbeziehungen als Instrument der Bindung zwischen Banken und Unternehmen: Eine theoretische und empirische Analyse* (Diss.), Bonn **1990**.

FISHER, IRVING: *Die Zinstheorie*, deutsche Übersetzung (Schulz, H.) der Originalausgabe: The Theory of Interest, New York **1931**, Jena 1932.

FRANKEL, ALLEN B./ MONTGOMERY, JOHN D.: *Financial Structure: An International Perspective*. In: Brookings Papers on Economic Activity, **1991**, No. 1, pp. 257-310.

FRANKS, JULIAN / MAYER, COLIN: *Capital Markets and Corporate Control: A Study of France, Germany and the UK*. In: Economic Policy, Vol. 5 **(1990)**, No.10, pp. 189-231.

FRANKS, JULIAN/ MAYER, COLIN: *Ownership and Control*. In: Siebert, Horst (ed.), Trends in Business Organisation: Do Participation and Cooperation Increase Competitiveness?, Tübingen **1995**.

GEBAUER, WOLFGANG: *Geld und Währung*, Skript zur Vorlesung an der Universität – Frankfurt am Main, Teil I: Geld, Sommersemester **1998**.

GERTLER, MARK: *Financial Structure and Aggregate Economic Activity: An Overview*. In: Journal of Money, Credit and Banking, Vol. 20 **(1988)**, No. 3, pp. 559-588.

GESSWEIN, JOACHIM P.: *Die Berücksichtigung des Geldes und der Banken als gesellschaftliche Institution in der Property Rights-Theorie*, München **1986**.

GILSON, STUART C.: *Management Turnover and Financial Distress*. In: Journal of Financial Economics, Vol. 25 **(1989)**, No. 2, pp. 241-262.

GILSON, STUART C.: *Bankruptcy, Boards, Banks, and Blockholders: Evidence on Changes in Corporate Ownership and Control when Firms Default*. In: Journal of Financial Economics, Vol. 27 **(1990)**, No. 2, pp. 355-387.

GISCHER, HORST: *Finanzmarkt: Ungleichgewichtsmodell*. In: Cramer, Jörg E. u.a. (Hrsg.), Knapps Enzyklopädisches Lexikon des Geld-, Bank- und Börsenwesens, 4. Aufl., Band 1: A-I, Frankfurt am Main **1999**, S. 667-672.

GOODHART, C.A.E.: *Bank Insolvency and Deposit Insurance?* In: Arestis, Philip (ed.), Money and Banking: Issues for the Twenty-First Century (Essays in Honour of Stephen F. Frowen), Houndmills et al. **1993**, pp. 75-94.

GÖPPL, HERMANN: *Allgemeine Grundlagen des Bankbetriebs*. In: Göppl, Hermann et al. (Hrsg.), Beiträge zur Banktheorie und Wirtschaftspolitik, Frankfurt am Main **1986**.

GORTON, GARY/ SCHMID, FRANK A.: *Universal Banks and the Performance of German Firms*. In: NBER Working Paper Series **1996**, No. 5453.

GRILL, WOLFGANG/ GRAMLICH, LUDWIG/ ELLER, ROLAND: *Gabler Bank Lexikon*, 11. Aufl., Band 1: A-K, Wiesbaden **1995**.

GROßMANN, ADOLF: *Unternehmensziele im Aktienrecht*, Köln u.a. **1980**.

GÜNTHER, HANS: *Marktmäßiger Wettbewerb und staatliche Einwirkungen begrenzen Bankeneinfluß und verhindern Machtausübung – 1.Teil*. In: Der Bank-Betrieb, 14. Jg. **(1974)**, H. 5, S. 194-201.

156

GURLEY, JOHN G./ SHAW, E.S.: *Financial Aspects of Economic Development*. In: American Economic Review, Vol. 45 (1955), No. 4, pp. 515-538

GUTENBERG, ERICH: *Unternehmensführung: Organisation und Entscheidungen*, Wiesbaden 1962.

GUTENBERG, ERICH: *Funktionswandel des Aufsichtsrates*. In: Zeitschrift für Betriebswirtschaft, 40. Jg. (Dezember 1970), Ergänzungsheft, S. 1-10.

HAHN, OSWALD: *Struktur der Bankwirtschaft*, Band I: Banktypologie und Universalbanken, Berlin 1981.

HALUSA, MARTIN: *In den USA bahnt sich eine große Bankenreform an*. In: DIE WELT online vom 01.03.1999, http:// www.diewelt.de.

HART, OLIVER: *Capital Structure as a Control Mechanism in Corporations*, MIT Department of Economics: Working Paper, January 1987.

HARTMANN-WENDELS, THOMAS/ PFINGSTEN, ANDREAS/ WEBER, MARTIN: *Bankbetriebslehre*, Berlin u.a. 1998.

HEFFERNAN, SHELAGH: *Modern Banking in Theory and Practice*, Chichester et al. 1996.

HELLWIG, MARTIN: *Unternehmensfinanzierung, Unternehmenskontrolle und Ressourcenallokation: Was leistet das Finanzsystem?* In: Gahlen, Bernhard/ Hesse, Helmut/ Ramser, Hans J. (Hrsg.), Finanzmärkte, Tübingen 1997.

HOSHI, TAKEO/ KASHYAP, ANIL/ SCHARFSTEIN, DAVID: *The Role of Banks in Reducing the Costs of Financial Distress in Japan*. In: In: Journal of Financial Economics, Vol. 27 (1990), No. 1, pp. 67-88.

HUBBARD, R. GLENN: *Money, the Financial System, and the Economy*, 2nd edn., Reading et al. 1997.

HUMMEL, DETLEV/ STEDEN, PHILIP: *USA*. In: Cramer, Jörg E. u.a. (Hrsg.), Knapps Enzyklopädisches Lexikon des Geld-, Bank- und Börsenwesens, 4. Aufl., Band 2: J-Z, Frankfurt am Main 1999, S. 1920-1926.

IMMENGA, ULRICH: *Participatory Investments by Banks: A Structural Problem of the Universal Banking System in Germany*. In: Journal of Corporate Law and Securities Regulation, Vol. 2 (1979), No. 1, pp. 29-48.

JACKSON, HOWELL E.: *Regulation of Financial Holding Companies*. In: Newman, Peter (ed.), The New Palgrave Dictionary of Economics and the Law, Vol. 3: P-Z, London/ New York 1998, pp. 232-237.

JAMES, CHRISTOPHER: *When Do Banks Take Equity in Debt Restructurings?* In: Review of Financial Studies, Vol. 8 (1995), No. 4, pp. 1209-1234.

JENSEN, MICHAEL C.: *Takeovers: Their Causes and Consequences*. In: Journal of Financial Perspectives, Vol. 2 (1988), No. 1, pp. 21-48.

JOHN, KOSE/ JOHN, TERESA A./ SAUNDERS, ANTHONY: *Universal Banking and Firm Risk-Taking*. In: Journal of Banking and Finance, Vol. 18 **(1994)**, No. 2, pp. 307-323.

KEELER, THEODORE E./ FOREMAN, STEPHEN E.: *Regulation and Deregulation*. In: Newman, Peter (ed.), The New Palgrave Dictionary of Economics and the Law, Vol. 3: P-Z, London/ New York **1998**, pp. 213-221.

KLEIN, DIETMAR K.R.: *Die Bankensysteme der EU-Länder*, 3. Aufl., Frankfurt am Main **1998**.

LAMBSDORFF, OTTO GRAF: *Banken und Unternehmenskonzentration – Muß der Bankeneinfluß zurückgeschraubt werden?* In: Kreditwesen, 41. Jg. **(1988)**, H. 2, S. 56-59.

LINDNER-LEHMANN, MONIKA/ NEUBERGER, DORIS: *Bankeneinfluß auf Industrieunternehmen – Kritik an der Studie von Perlitz und Seger*. In: Die Bank **(1995)**, H. 11, S. 690-692.

LINK, THOMAS J./ HARTUNG, ANDREAS R.: *Vorstoß der US-Regierung zur Bankenreform*. In: Die Bank **(1991)**, H. 3, S. 132-137.

LITAN, ROBERT E.: *The Revolution in U.S. Finance*, Washington D.C. **1991**.

LOLOS, LEONIDAS S.: *The Banking System: History-Evolution-Structure*, Athens **1966**.

LÜTHY, MARTIN: *Unternehmenskrisen und Restrukturierungen: Bank und Kreditnehmer im Spannungsfeld existentieller Unternehmenskrisen*, Bern/ Stuttgart **1988**.

MAJEWSKI, JERZY R: *Universalbanken und Corporate Governance während der Transformationsphase in Polen*, Sinzheim/ Hamburg **1996**.

MANNE, HENRY G.: *Mergers and the Market for Corporate Control*. In: Journal of Political Economy, Vol. 73 **(1965)**, No. 2, pp. 110-120.

MARTIN, KENNETH J./ MCCONNELL, JOHN J.: *Corporate Performance, Corporate Take-Overs and Management Turnover*. In: Journal of Finance, Vol. 46 **(1991)**, No. 2, pp. 671-687.

MAYER, COLIN: *New Issues in Corporate Finance*. In: European Economic Review, Vol. 32 **(1988)**, pp. 1167-1189.

MERTON, ROBERT C./ BODIE, ZVI: *A Conceptual Framework for Analyzing the Financial Environment*. In: Crane, D.B. (ed.), The Global Financial System: An Functional Perspective, Boston **1995**, pp. 3-32.

MISHKIN, FREDERIC S.: *The Economics of Money, Banking, and Financial Markets*, 5th edn., Reading et al. **1997**.

MONOPOLKOMMISSION: *Ordnungspolitische Leitlinien für ein funktionsfähiges Finanzsystem*, Sondergutachten 26, Baden-Baden **1998**.

MÜSSIG, KARLHEINZ U.A.: *Bank*. In: Müssig, Karlheinz u.a.(Hrsg.), Gabler Bank-Lexikon: Handwörterbuch für das Geld-, Bank- und Börsenwesen, 10. Aufl., Wiesbaden **1988**, S. 234-238.

NATIONAL CREDIT UNION ADMINISTRATION: *National Credit Union Administration Yearend Statistics* **1996**.

NEW YORK STOCK EXCHANGE: *Institutional Investor Fact Book* **1990**.

NORTH, DOUGLASS C.: *Institutionen, institutioneller Wandel und Wirtschaftsleistung*, deutsche Übersetzung (Streissler, M.) der Originalausgabe: Institutions, Institutional Change and Economic Performance, Cambridge et al. **1990**, Tübingen 1992.

OECD: *OECD Financial Statistics*, Part 1, Section 2: Domestic Markets – Interest Rates, Nr. 12 **1989**.

OECD: *OECD Financial Statistics*, Part 3: Financial Statements of Non-Financial Enterprises **1996**.

OECD: *OECD Financial Statistics*, Part 1, Section 2: Domestic Markets – Interest Rates, Nr. 12 **1997**.

O.V.: *Weiterer Ausbau des „interstate branching"*. In: Die Bank **(1981)**, H. 3, S. 126-129.

O.V.: *Those German Banks and Their Industrial Treasures*. In: The Economist, January 21st, **1995**, pp. 77-78.

PASINETTI, LUIGI L.: *Economic Theory and Institutions*. In: Delorme, Robert/ Dopfer, Kurt (eds.), The Political Economy of Diversity, Aldershot/ Hants **1994**, pp. 34-45.

PERLITZ, MANFRED/ SEGER, FRANK: *The Role of Universal Banks in German Corporate Governance*. In: Business & the Contemporary World, Vol. 6 **(1994)**, No. 4, pp. 49-67.

PIERCE, JAMES L.: *The Future of Banking*, New York/ London **1991**.

POHL, MANFRED: *Entstehung und Entwicklung des Universalbankensystems: Konzentration und Krise als wichtige Faktoren*. Schriftenreihe des Instituts für bankhistorische Forschung, Bd.7, Frankfurt am Main **1986**.

PROWSE, STEPHEN: *Corporate Governance in an International Perspective: A Survey of Corporate Control Mechanisms among Large Firms in the United States, the United Kingdom, Japan and Germany*. In: BIS Economic Papers, No. 4, Basle **1994**.

RAJAN, RAGHURAM G./ ZINGALES, LUIGI: *What Do We Know about Capital Structure? Some Evidence from International Data*. In: Journal of Finance, Vol. 50 **(1995)**, No. 5, pp. 1421-1461.

REYNISSON, GISLI: *Corporate Ownership Concentration: An Empirical Study of the Institutional Investor* (Diss.), Tampere **1994**.

RIORDAN, MICHAEL H.: *Competition and Bank Performance: A Theoretical Perspective*. In: Mayer, Colin/ Vives, Xavier (eds.), Capital Markets and Financial Intermediation, Cambridge/ New York/ Melbourne **1993**, pp. 328-343.

ROGGENBUCK, HARALD E.: *Begrenzung des Anteilsbesitzes von Kreditinstituten an Nichtbanken – Gesetzliche Regelungen, empirischer Befund sowie anlage- und geschäftspolitische Bedeutung*, Frankfurt am Main u.a. **1992**.

RUBINSTEIN, MARK: *The Strong Case for the General Logarithmic Utility Model as a Premier Model of Financial Markets*. In: Levy, Haim/ Sarnat, Marshall (eds.): Financial Decision Making under Uncertainty, New York **1977**, pp.11-62.

RYBCZYNSKI, TAD M.: *Industrial Finance System in Europe, U.S. and Japan*. In: Journal of Economic Behavior and Organization, Vol. 5 **(1984)**, pp. 275-286.

SAMETZ, ARNOLD W./ KEENAN, MICHAEL/ BLOCH, ERNEST/ GOLDBERG, LAWRENCE: *Securities Activities of Commercial Banks: An Evaluation of Current Developments and Regulatory Issues*. In: Journal of Comparative Corporate Law and Securities Regulation, Vol. 2 **(1979)**, No. 3, pp. 155-193.

SCHMID, FRANK A.: *Beteiligungen deutscher Geschäftsbanken und Corporate Performance*. In: Zeitschrift für Wirtschafts- und Sozialwissenschaften, 116. Jg. **(1996)**, H. 2, S. 273-310.

SCHMIDT, REINHARD H.: *Corporate Governance: The Role of Other Constituencies*. Paper presented at the Conference on Workable Corporate Governance: Cross Border Perspectives, held in Paris, March 17-19, **1997**. In: Working Paper Series: Finance & Accounting – University of Frankfurt am Main 1997, No. 3.

SCHMIDT, REINHARD H./ HACKETHAL, ANDREAS/ TYRELL, MARCEL: *Desintermediation and the Role of Banks: An International Comparison*. In: Working Paper Series: Finance & Accounting - University of Frankfurt am Main **1997**, No. 10.

SCHMIDT, REINHARD H./ TYRELL, MARCEL: *Financial Systems, Corporate Finance and Corporate Governance*. In: Journal of European Financial Management, Vol. 3 **(1997)**, pp. 159-187.

SCHOENMAKER, DIRK: *Home Country Deposit Insurance?* In: Arestis, Philip (ed.), Money and Banking: Issues for the Twenty-First Century (Essays in Honour of Stephen F. Frowen), Houndmills et al. **1993**, pp. 95-116.

SCHOPPE, SIEGFRIED G. U.A.: *Moderne Theorie der Unternehmung*, München/ Wien **1995**.

SEGER, FRANK: *Banken, Erfolg und Finanzierung: Eine Analyse für deutsche Industrieunternehmen*, Wiesbaden **1997**.

SOMARY, FELIX: *Bankpolitik*, 3. Aufl., Tübingen **1934**.

STEIN, JÜRGEN: *Das Bankensystem in Deutschland*, 22. Aufl., Köln **1997**.

STIGLITZ, JOSEPH E./ WEISS, ANDREW: *Credit Rationing in Markets with Imperfect Information*. In: American Economic Review, Vol. 71 **(1981)**, No. 3, pp. 393-410.

STRATOUDAKIS, PAN.: *Organisation der Unternehmensführung*, Wiesbaden **1961**.

STUCKEN, RUDOLF: *Banken (II): Theorie*. In: von Beckerath, Erwin u.a. (Hrsg.), Handwörterbuch der Sozialwissenschaften, Erster Band: A-Ber, Stuttgart/ Mohr/ Göttingen **1956**, S. 550-560.

SÜCHTING, JOACHIM: *Bankmanagement*, 3. Aufl., Stuttgart **1992**.

TERRAHE, JÜRGEN: *Die Zukunft des Hausbankprinzips: Engere oder lockere Bank/ Kunden-Bindung?* In: Engels, Wolfram (Hrsg.), Organisation der Banken und des Bankenmarktes, Frankfurt am Main **1988**, S. 145-166.

TEUFELSBAUER, WERNER: *Corporate Control und Corporate Finance: Weichenstellungen für ein „Corporate Austria".* In: Wirtschaftspolitische Blätter, 37. Jg. **(1990)**, Nr. 2-3, S. 249-261.

TOWNSEND, ROBERT M.: *Optimal Contracts and Competitive Markets with Costly State Verification*. In: Journal of Economic Theory, Vol. 21 **(1979)**, pp. 265-293.

U.S. BUREAU OF THE CENSUS: *The National Data Book. Statistical Abstract of the United States*, 117th edn., **1997**.

U.S. FEDERAL DEPOSIT INSURANCE CORPORATION: *Statistics on Banking*, **1996**.

VON THADDEN, ERNST-LUDWIG: *Long-Term Contracts, Short-Term Investment and Monitoring*. In: Review of Economic Studies, Vol. 62 **(1995)**, No. 4, pp. 557-575.

WAGNER, ADOLPH H.G.: *Beiträge zu der Lehre von den Banken*, unveränderter Neudruck der Ausgabe Leipzig **1857**, Vaduz 1977.

WEBER, MANFRED: *Phänomen „Bankenmacht".* In: Die Bank **(1995)**, H. 4, S. 196-198.

WENGER, EKKEHARD/ KASERER, CHRISTOPH: *Bankenregulierung: Theoretische Fundierung.* In: Cramer, Jörg E. u.a. (Hrsg.), Knapps Enzyklopädisches Lexikon des Geld-, Bank- und Börsenwesens, 4. Aufl., Band 1: A-I, Frankfurt am Main **1999**, S. 166-169.

WINKLER, ADALBERT: *Financial Development, Economic Growth and Corporate Governance.* Paper presented at the First Annual Seminar on New Development Finance, held at the Goethe University of Frankfurt, September 22 – October 3, **1997**. In: Working Paper Series: Finance & Accounting – University of Frankfurt am Main 1998, No. 12.

WIXFORTH, HARALD: *Die Macht der Banken: Debatten, Untersuchungskonzepte, Ergebnisse.* Arbeitspapier des Arbeitskreises für Bankgeschichte Nr. 2, Frankfurt am Main **1997**.

ZEREY, JEAN-CLAUDE: *Rechtliche Probleme der Finanzierung von Leveraged Buyouts und Tender Offers durch Banken in den USA und in der Bundesrepublik Deutschland: Eine rechtsvergleichende Studie über die Rolle der Banken bei Unternehmenskontrolltransaktionen in den USA und in der Bundesrepublik Deutschland*, Frankfurt am Main **1994**.

ZERWAS, HERBERT: *Kreditwesengesetz: deutsch-englische Textausgabe des Kreditwesengesetzes in der ab 31.12.1995 geltenden Fassung mit einführenden Erläuterungen = Banking Act*, Düsseldorf **1996**.